Arno Holz, Johannes Schlaf

Papa Hamlet

Arno Holz, Johannes Schlaf

Papa Hamlet

ISBN/EAN: 9783744639576

Hergestellt in Europa, USA, Kanada, Australien, Japan

Cover: Foto ©ninafisch / pixelio.de

Weitere Bücher finden Sie auf **www.hansebooks.com**

Bjarne P. Holmsen.

Papa Hamlet.

Uebersetzt

und mit einer Einleitung versehen

von

Dr. Bruno Franzius.

Leipzig.

Verlag von Carl Reissner.

1889.

Einleitung des Uebersetzers.

Bei dem in jüngster Zeit namentlich auch durch die Erfolge Ibsen's noch so gesteigerten Interesse, das man seit ungefähr einem Jahrzehnt der jungen, kräftig aufstrebenden, norwegischen Litteratur in fast allen Culturländern entgegenbringt, habe ich es für eine nicht undankbare Aufgabe gehalten, meinen deutschen Landsleuten endlich auch einen Autor zugänglich zu machen, dessen Schöpfungen, obwohl zur Zeit auch in ihrer norwegischen Heimat noch lange nicht nach Gebühr gewürdigt, doch sicher danach angethan sind, in naher Zukunft die allgemeine Aufmerksamkeit auf ihn zu lenken.

Dieser Autor ist Bjarne Peter Holmsen.

Am 19. December 1860 als der dritte Sohn
eines streng orthodoxen Landpfarrers in Hede-
marken geboren, verlebte er seine Kindheit in
der alten Handelsstadt Bergen. Ein Onkel
von ihm, ein Bruder seiner Mutter, der dort
als Rechtsanwalt thätig war, hatte ihn, um
seinen Eltern, deren Nachwuchs sich unterdess
noch vergrössert hatte, eine Last abzunehmen,
zu sich genommen.

Aber die Fortschritte des kleinen Bjarne
auf der Lateinschule waren sehr mittelmässige.
Der Onkel erlebte nur wenig Freude an ihm.
Es schien keine Aussicht vorhanden, dass er
jemals sein Nachfolger werden würde. Er ist
es auch in der That nicht geworden. Ob nun
nur seiner geringen Begabung für die Huma-
niora zu Folge, mag freilich dahingestellt bleiben.
Thatsache jedenfalls ist es, dass der zukünftige
Autor des „Papa Hamlet", an dessen grandiosem
Humor sich die Leser dieses Buches sicher er-
quicken werden, in Christiania bereits durch
sein erstes Examen hoffnungslos durchfiel. Ein
Band Gedichte, der für die damalige Stimmung
des jungen Poeten bezeichnend genug „Eintagsfliegen" betitelt war, mochte wohl die

meiste Schuld daran getragen haben. Als psychologisch bedeutsam darf uns jedenfalls auch der Umstand gelten, dass der junge Lyriker die weitaus grösste Mehrzahl dieser „Eintagsfliegen", denen allzugrosse Originalität allerdings nicht nachgerühmt werden kann, in den Sezirsälen der Anatomie verfasst hatte. Seine spätere Vorliebe für die nackte Realität der Dinge war also damals noch eine ziemlich getheilte. Erst die Erfahrung, dass seine „Eintagsfliegen" das in Wirklichkeit gewesen waren, wofür er sie prophetischen Gemüths ausgegeben hatte, nämlich Eintagsfliegen, deren kläglicher Existenz die Lumpenstampe bald ein jähes Ende bereitet hatte, mochte den Ausschlag gegeben haben.

Mit seinem Studium schien es nichts rechtes werden zu wollen. Ein erneuter Versuch des Onkels, ihn der Wissenschaft dadurch zu retten, dass er ihn dazu beredete, sich wenigstens auf ein Semester in die theologische Fakultät einschreiben zu lassen, scheiterte. Damit hatte Bjarne Peter Holmsen's akademische Laufbahn ihren Abschluss erreicht. Er war verloren für immer . . . .

Nur schwer wollte jetzt sein Vater, dessen Hoffnungen sich arg enttäuscht sahen, seine Einwilligung dazu geben, dass sein Sohn Kaufmann wurde. Erst als der Onkel, der selber kinderlos, trotz der vielen Sorgen, die ihm sein Neffe bereitete, doch eine innige Neigung zu ihm gefasst hatte, sich bereit erklärte, ihn zu diesem Zwecke in's Ausland zu schicken, konnte er sich dazu verstehen, seine Bedenken zu überwinden.

Das grosse Leben draussen, die neuen Eindrücke, die täglich geregelte Arbeit, und wohl auch nicht in letzter Linie das mehrjährige Fernsein von der Heimat: auf alles das baute man. Und in der That, man hatte sich diesmal nicht verrechnet. Als der junge Bjarne nach dreijähriger, angestrengter Thätigkeit in einem Londoner Bankhause, der sich dann noch ein weiterer zweijähriger Aufenthalt in Brest angeschlossen hatte, wieder nach Bergen zurückgekehrt war, durften die Seinen mit ihm zufrieden sein.

Diese Zufriedenheit bekam erst wieder einen Stoss, als man schliesslich dahinter kam, dass der junge Banquier nebenbei auch noch wieder

schriftstellerte. Wie die meisten seiner Lands-
leute, die ihre Entwicklung dem Auslande ver-
danken, hatte auch er eben Ideen und Anschau-
ungen von dort mitgebracht, die zu den kleinen
Verhältnissen seiner Heimat nicht mehr recht
passen wollten. Was natürlicher, als dass jetzt
der alte Poet in ihm wieder lebendig geworden
war; zumal auch die grossen, neuen Litteratur-
thaten seines Volkes, für deren Bedeutsamkeit
ihm erst jetzt das rechte Verständniss aufge-
gangen war, nicht ohne Einfluss auf ihn geblieben sein konnten.

Freilich lässt sich constatiren, dass dieser
Einfluss kein unbeschränkter war.

Bereits aus den vorliegenden Stücken, zu
deren Sammlung mich namentlich auch grade
ihre unbestreitbare Originalität ermuthigte, wird
sich der Leser darüber orientiren können, wie
schnell es unsrem Dichter gelang, sich zu einer
eignen Individualität emporzuringen. Die vor
keiner Consequenz zurückschreckende Energie
seiner Darstellungsweise, für die man sich selbst
in seiner heimischen, norwegischen Litteratur
vergeblich nach Vorbildern umsieht, scheint
mir sogar Keime in sich zu enthalten, die bei

vollerer Entfaltung weit über die Grenzen des
Hergebrachten hinauswachsen werden. Man
ahnt, wie sie das lebendige Product einer Zeit
ist, von der das Wort geht, dass ihre Anatomen
Dichter und ihre Dichter Anatomen sind. —

Die Uebersetzung war, wie sich aus dem
Vorstehenden wohl bereits von selbst ergiebt,
eine ausnehmend schwierige. Die speciell norwegischen Wendungen, von denen das Original begreiflicherweise nur so wimmelt, mussten
in der deutschen Wiedergabe sorgfältig ver-
mieden werden. Doch glaube ich, dass dies
mir in den meisten Fällen gelungen ist. Ich
habe keine Arbeit gescheut, sie durch heimische
zu ersetzen, wo ich nur konnte.

Ueber meinen Autor hier eine Kritik zu
fällen, steht mir nicht zu. Doch bekenne ich
gerne, dass das Studium, das ich auf ihn ver-
wandte, ihn mir um so lieber machte, je ein-
gehender ich mich mit ihm beschäftigte. Es
würde mir eine Genugthuung sein, wenn es
den Lesern dieses Buches eben so erginge.

Dass das Grundcolorit fast aller seiner
Schöpfungen, die der jugendliche Dichter freilich sammt und sonders, bezeichnend genug,

nicht etwa bereits als abgerundete Kunstwerke,
sondern nur als „Studien“ zu solchen aufgefasst
wissen will,*) ein düstres ist, wird Niemand
Wunder nehmen. Es ist eben die Mitternachts-
sonne seiner nordischen Heimat, die ihren trüben
Schein auch über sie ausgiesst. Zum Theil
freilich mögen es auch Umstände rein persön-
licher Natur sein, die hier mitwirken. Ein hart-
näckiges Augenübel zwang den kaum Fünf-
undzwanzigjährigen seiner praktischen Thätigkeit zu entsagen. Und es ist nur anzunehmen,
dass sich jetzt auch der Schriftsteller durch
dieses Leiden beeinträchtigt fühlt.

Sein grossartig angelegter Socialroman
„Fremud“, dessen Buchausgabe er soeben vor-
bereitet, wird erkennen lassen, ob dieses Leiden
drohend genug ist, um ernstere Befürchtungen
für diese Kraft aufkommen zu lassen.

Jedenfalls darf uns auch dieses schon ein
Beweggrund mehr sein, für den Dichter ein-
zutreten. Es soll ihm nicht gehen, wie seinem
grossen Landsmanne Björnson, dessen beste

---

*) Vergl. die Einl. zu: „Ein Städtchen am Fjord“.
Christiania 1887.

Novelle im Original bereits in mehr als 70,000 Exemplaren verbreitet war, ehe sie volle 20 Jahre nach ihrem ersten Erscheinen endlich in's Deutsche übertragen wurde.

Dr. Bruno Franzius.

PAPA HAMLET.

.

I.

Was? Das war Niels Thienwiebel? Niels
Thienwiebel, der grosse, unübertroffene Hamlet
aus Trondhjem? Ich esse Luft und werde
mit Versprechungen gestopft? Man kann Ka-
paunen nicht besser mästen? . . .

„He! Horatio!"

„Gleich! Gleich, Nielchen! Wo brennt's
denn? Soll ich auch die Scatkarten mit-
bringen?"

„N . . . nein! Das heisst . . ."

— — „Donnerwetter nochmal! Das, das ist
ja eine, eine — Badewanne!"

Der arme, kleine Ole Nissen wäre in einem
Haar über sie gestolpert. Er hatte eben die
Küche passirt und suchte jetzt auf allen
Vieren nach seinem blauen Pincenez herum,
das ihm wieder in der Eile von der Nase ge-
fallen war.

„Hä? Was? Was sagste nu?!"

„Was denn, Nielchen? Was denn?"

„Schafskopp!"

„Aber Thiiienwiebel!"

„Amalie?! Ich . . ."

„Ai! Kieke da! Also das!"

„Hä?! Was?! Famoser Schlingel! Mein Schlingel! Mein Schlingel, Amalie! Hä! Was?"

Amalie lächelte. Etwas abgespannt.

„Ein Prachtkerl!"

„Ein Teufelsbraten! Mein Teufelsbraten! Mein Teufelsbraten! Hä! Was, Amalie? Mein Teufelsbraten!"

Amalie nickte. Etwas müde.

„Ja doch, Herr Thienwiebel! Ja doch!"

Aber Frau Wachtel mühte sich vergeblich ab. Herr Thienwiebel, der grosse, unübertroffne Hamlet aus Trondhjem wollte seinen Teufelsbraten nicht wieder loslassen.

„Hä, oller Junge? Hä?"

„In der That, Nielchen! In der That, ein . . . ein . . . Prachtinstitut! Ein Prachtinstitut!"

„Hoo, hoo, hoo, hopp!! Hoo, hoo, hoo, hopp!! Bumm!!!"

Der grosse Thienwiebel schwelgte vor
Wonne. Er hatte sich jetzt sogar auf ein
Bein gestellt. Hinten aus seinem carrirten
Schlafrock klunkerten die Wattenstücken.

„Aber Thiiienwiebel!"

II.

„Sein oder Nichtsein, das ist hier die Frage:
Ob's edler im Gemüth, die Pfeil und Schleudern
Des wüthenden Geschicks erdulden, oder . . .

oder? . . . Scheusslich!"

Der grosse Thienwiebel hielt wieder inne.

„Nicht zum Aushalten das! Nicht zum Aushalten!!"

Die fünf kleinen, gelben Lappen hinter dem
Ofen, die dort an einer Waschleine zum
Trocknen aufgehängt waren, hatten ihn wieder
total aus dem Concept gebracht.

„Ekelhaft!"

Er hatte sich jetzt die Hände in seinen
Schlafrocktaschen vergraben, erbittert vor das
Fenster aufgepflanzt.

Der Himmel drüben über den Dächern
war tiefblau; in den nassen Dachrinnen, von
denen noch gerade der letzte Schnee tropfte,
zankten sich bereits die Spatzen; es war ein
prachtvolles Wetter zum Ausgehn.

„Armer Yorick!"

Noch um eine Nüance verdüsterter hatte
sich jetzt der grosse Thienwiebel wieder rücklings über das kleine, niedrige, mit blauem
Kattun überspannte Sopha geworfen und
starrte nun über die Spitzen seiner grünen, aus-
getretenen Pantoffeln weg melancholisch zu
Amalien hinüber.

Ihre dünnen, lehmfarbenen Haare waren
noch nicht gemacht, ihre Nachtjacke schien
heute noch schmutziger als sonst und stand vorn
natürlich wieder weit offen; der kleine kirsch-
rote Spiessbürger, den sie auf ihr Fussbänkchen
gekauert, nachlässig aus einem Gummischlauch
säugte, sah auf einmal hässlich aus wie ein
kleiner Frosch.

„Armer Yorick!"

Herr Thienwiebel hatte sich wieder seufzend
erhoben und setzte jetzt seine Wanderung von
vorhin wieder fort.

„. . . . . . . oder? oder . .
sich waffnend gegen eine See von Plagen
Durch Widerstand sie enden. Sterben — schlafen
Nichts weiter! —"

Vor dem Fenster konnte er sich jetzt wieder nicht versagen eine kleine Pause zu machen.

Die Sonne draussen ging gerade unter. Die Dächer sahen fuchsroth aus. Aber ein Blick auf seinen alten, abgenutzten Schlafrock unten liess ihn sich wieder zusammennehmen und seinen Monolog von neuem beginnen.

„Sein oder Nichtsein, das ist hier die Frage:
Ob's edler im Gemüth . . .

Ä, Quatsch!!"
Mit einem Ruck war jetzt der Shakespeare, den er sich eben aus seiner Schlafrocktasche gerissen, auf den Tisch geflogen, wo er die Gesellschaft einer Spirituskochmaschine, eines braunirdenen Milchtopfs ohne Henkel, eines alten, berussten Handtuchs, einer Glaslampe und einer Photographie des grossen Thienwiebel in Morarahmen vorfand.

„He! Horatio! Horatio!! . . . Nicht zu Hause! Nicht zu Hause . . ."

2

Total vernichtet hatte er sich jetzt wieder
auf das Sopha zurückgeschleudert und ver-
tiefte sich nun in den tragischen Anblick
eines schmutzigen Kinderhemdchens, das neben
einer geplatzten Schachtel schwedischer Zünd-
hölzchen vor ihm unten auf dem Fussboden lag.

„Verwünscht! Wenn man wenigstens mal
ausgehn könnte, Amalie! Aber ich fürchte . . .
ich fürchte . . . die Welt ist nicht vorurtheils-
frei genug, um einen Niels Thienwiebel in
Schlafrock und Cylinder unbehelligt seines
Weges dahingehn zu lassen!"

Aber Amalie antwortete nicht einmal. Der
kleine Krebsrothe nahm ihre ganze Aufmerksamkeit in Anspruch. Sein Lutschen zog jetzt
den ganzen Schlauch zusammen.

„Ja! Es ist so! Es ist so, Amalie! Aber sie
schreiben mir noch immer nicht! Sie haben
da Leute, Leute — Leute?! Pah! Stümp'rr!
O Schmach, die Unwerth schweigendem Ver-
dienst erweist!"

Jetzt hatte Amalie, die dies Thema bereits
kannte, etwas aufgesehn.

„Ja . . . es wäre am Ende doch gut, wenn
Du einmal . . ."

Ihre Stimme klang heiser, belegt.

„Ja, so wird es kommen! Vielleicht . . . bei meiner Schwachheit und Melancholie . . .‟

Der kleine Krebsrothe schmatzte! Seine Flasche war jetzt so gut wie leer.

„Ich werde selbst hingehn müssen und fürlieb nehmen mit dem, was man mir anzubieten wagt! Das Leben ist brutal, Amalie! Verflucht! Wenn man wenigstens einen Rock zum Ausgehn hätte!‟

Sein Tenor war jetzt übergeschnappt, er hatte sich wieder lang über das Sopha zurückgeeselt.

Grosse Pause . . .

Die Dächer draussen hatten sich allmählich braun gefärbt. Die Sonne an dem grossen, runden Schornsteine drüben war verblichen.

Frau Thienwiebel fing jetzt hinten in ihrer Ecke zu husten an.

„Herr Gott, Niels! Ich muss ja inhaliren! Da, nimm doch mal das Kind!‟

„Natürlich! Auch noch Kinderfrau! O, ich reisse Possen, wie kein Andrer! Was kann ein Mensch auch andres thun als lustig sein? Still, Krabbe!!‟

Der kleine Krebsrothe schwieg wieder.
Er war noch nie so verblüfft gewesen.

„Da! Nimm's! Kau's! Friss! Verschluck's!"

Der grosse Thienwiebel hatte es jetzt sogar über sich gewonnen, seinem ungerathnen
Sprössling auch den Schnuller in den Mund
zu stopfen. Mehr war unmöglich zu verlangen.

Amalie hatte unterdessen die Ofenröhre
aufgemacht und entnahm ihr jetzt einen
kleinen, grünglasirten Kochtopf. Ein nach
Salbei duftender Brodem entstieg ihm. Nachdem sie dann noch das kleine Geschirr neben
den Ofen auf einen Stuhl und sich selbst auf
die Fussbank davor gesetzt hatte, machte sie
jetzt ihren Mund auf und athmete das heisse
Zeug langsam ein.

Der grosse Thienwiebel, der sich unterdess
mit seinem impertinenten, kleinen Krebsrothen
auf die Tischkante placirt hatte, sah ihr nachdenklich zu.

„Hm! Weisst Du, Amalie?"

„Hm??" ·

„Weisst Du? Wir haben eigentlich eine
ganz falsche Methode, das Kind zu nähren,
Amalie!"

„Ach, was!"

„Ich sage, eine Methode! Eine verkehrte Methode, Amalie!"

„Aber . . ."

„Verlass Dich drauf! Eine unnatürliche, Amalie!"

„Ja, du lieber Gott . . ."

„Eine unnatürliche . . . Wir sollten das Kind nicht mit der Flasche tränken!"

„Nich? Na, womit denn sonst?"

„Du selbst solltest es eben tränken!"

„Ich?"

„Gewiss, Amalie!"

„Ach, lieber Gott! Ich! Selbst!"

„Nun! Warum nicht?"

„Ich?? Bei meiner schwachen, kranken Brust jetzt?"

„Ach was! Das bildest Du Dir ja nur ein, Amalie! Ich sage Dir, Du bist völlig gesund. Du bist völlig gesund, sage ich! . . . Uebrigens: ein Kind kann ein für allemal nur dann gedeihen, wenn es die Mutter selbst säugt!"

Herr Thienwiebel war jetzt ganz eifrig geworden. Seine Langeweile von vorhin schien er völlig vergessen zu haben. Er schien es sogar nicht bemerkt zu haben, dass dem kleinen, zappelnden Wurm auf seinen Knieen der Schnuller wieder heruntergekullert war.

„Verlass Dich drauf, Amalie! Ich sage, die natürlichste Methode ist immer die beste! Denk' doch mal: was sollten denn sonst die Negerweiber anfangen! Sie haben keine Flaschen! Sie nähren eben ihre Kinder selbst, siehst Du . . . und. und — nun ja! Und sie gedeihen dabei! Gedeihen! Na?"

„Ja, Niels. aber ich bin doch kein Neger-weib!"

Der grosse Thienwiebel lächelte überlegen.

„Ja nun, du musst . . . hehe! Du musst mich eben verstehn, Amalie! He!"

Amalie hatte sich wieder tief über ihren Salbeitopf gebückt.

„Ich wollte Dir damit eben nur durch ein : . . ein . . . nun! sagen wir durch ein Beispiel, andeuten, dass das Natürlichste immer das Vernünftigste ist. Ich sehe eben durchaus nicht ein, warum die Negerweiber etwas vor uns voraushaben sollten!"

„Aber sie sind gesund!"

„Ach was! Das bildest Du Dir ja nur ein, Amalie, dass Du krank bist!"

„Ich?"

„Allerdings, Amalie! Ich behaupte . . ."

Amalie war jetzt ein wenig ungeduldig geworden.

„Ach was! Lass lieber das Kind nicht so schrein!"

„Auch das ist wieder nur so ein Vorurtheil von Dir, Amalie! Was schadet das! Ich habe gelesen, es ist nichts gesünder! Die Lungen weiten sich dabei! Aber — e . . . wie gesagt! Du solltest das Kind selbst tränken! Die heutige Cultur freilich, die Cultur der europäischen Welt . . ."

Die Cultur überging Amalie. Sie hielt sich nur an die Ermahnungen, die sie nun schon so oft zu hören bekommen hatte.

„So! So! Jawoll doch! Gewiss! Bei unserm Leben! Den ganzen Tag lebt man von Kaffee und Butterbrot! Ich möchte wissen, wie das arme Wurm dabei gedeihen sollte!"

„Ha! Zu leben im Schweiss und Brodem eines eklen Betts, gebrüht in Fäulniss, buhlend und sich paarend über dem garst'gen Nest!

Nicht wahr? Du willst damit sagen, dass ich an unsrer Lage schuld bin, Amalie!"

„Na! Etwa ich?!"

„Weib!!?"...

„Moi'n!"

Die Thür, an der es schon eine ganze Weile vergeblich geklopft hatte, wurde in diesem Augenblick gross aufgestossen, und herein, in seinem ewigen Havelock, der vor Zeiten wahrscheinlich einmal hechtgrau gewesen war, den ungeheuren, schwarzen Schlapphut tief in das kleine, fidele, blasse Gesichtchen gedrückt, tänzelte jetzt der kleine Ole Nissen.

„Moi'n! Also lasst Euch nicht stören, Kinder! Bitte, Bitte! Keine Umstände, Nielchen! Keine Umstände! Weiss schon! Probirt 'ne neue Scene ein! Also, wie gesagt ... Donnerwetter! Ist das Biest hart!"

Er hatte sich eben mitten auf das kleine Kattun'ne plumpsen lassen und dabei wieder in einem Haar seine Egypter verloren, die er schief zwischen die Zähne geklemmt hielt.

„Also, wie gesagt! Laufe da eben ganz trübselig den Hafendamm runter. Hä? Und wer begegnet mir da? Der Kanalinspector!

Na, wer denn sonst? Der Kanalinspector natürlich! Nobel verheirathet, Villa in Bratsberg, no! etc. pp! Könnt Euch ja denken! Schleift mich also natürlich sofort zu Hiddersen und lässt vorfahren . . . Na, oller Junge? Wie geht's? . . Faul! sag ich also natürlich. Faul! . . . Hm! Weisste was? Könntest eigentlich meine Alte porträtiren! . . . Hm! Mit Jenuss, Kind! Mit Jenuss! Aber — e . . . Farben, siehst Du — he, Leinwand, Rahmen also . . . Hä! Was? Nobles Putthuhn!!"

Ole Nissen liess jetzt die schönen, noblen Kronen in seinen Taschen nur so klimpern.

„Frau Wach-tel! Frau Wach-tell!! Frau Wach-telll!!!"

Das Haus Thienwiebel schwamm wieder in Wonne. Sein Krach war wieder auf eine Weile verschoben.

„Hä! Und dies? Ist das Butter? Und dies? Hä? Ist das Schinken? Hä? Und dies? Hä? Platz für das Silberzeug! Silentium!!"

Der kleine Ole war heute wieder ganz aus dem Häuschen . . .

Nachdem das „Silberzeug" dann endlich abgeräumt und die Punschbowle zu zwei

Dritteln bereits geleert war, musste Frau Wachtel sogar noch die Scatkarten „'ranschleifen."
Es war einfach herrlich! Der grosse Thienwiebel hatte seinen türkischen Fez auf, Ole
Nissen bot seine Egypter sogar galant der
alten Madame Wachtel an, die sich aber
empört vor ihnen wieder in ihre Küche zu-
rückflüchtete. Amalie rauchte tapfer mit. Ihre
alten Opheliajahre waren wieder lebendig in
ihr geworden.

„Ach, Thienwiebel! Niels!! Geliebter!!!"

Der grosse Thienwiebel stand da und
weinte.

„Bin ich 'ne Memm'? — Ha! Rauft mir den
Bart und werft ihn mir in's Antlitz! Nein, reizende
Ophelia! Nein! Weine nicht! Mein Schicksal
ruft und macht die kleinste Ader meines
Leibes so fest als Sehnen des Nemaeerlöwen!
. . . Was, alter Jephta? . . . Nein, glaube nicht,
dass ich Dir schmeichle! Was für Beförd'rung
hoff' ich wohl von Dir, der keine Rent' als
seinen muntren Geist, um sich zu nähren und
zu kleiden hat!"

Seine Stimme brach ab, die Hand, die er
ihm auf die Schulter gelegt hatte, zitterte. —

Zuletzt, als die alte Glaslampe nur noch wie eine kleine Oelfunzel brannte und die prachtvollen Egypter um ihre grüne Glocke einen schönen, silbergrauen, fingerdicken Nebelring gelegt hatten, wurde auch der kleine Ole Nissen gerührt.

Er hatte sich nach und nach zu der reizenden Ophelia auf das kleine, blaue Kattunüberzogene gedrängt und titulirte sie nur noch „Miezchen". Jetzt hatte er endlich auch ihre Hände zu fassen bekommen und bedeckte sie nun mit seinen Küssen.

Der grosse Thienwiebel erhob keine Einsprache. Er hatte segnend seine Hände über sie gebreitet und konnte sein Herz nur noch stammelnd ausschütten.

„Der Kreis hier weiss, ihr hörtet's auch gewiss, wie ich mit schwerem Trübsinn bin geplagt!"

Der kleine Krebsrothe hinten in seiner Ecke hatte unterdessen seine Noth mit sich gehabt. Schon verschiedene, liebe Male hatte er sich in den Schlaf geweint. Jetzt aber war er wieder aufgewacht und konnte absolut nicht mehr seinen Gummipfropfen finden. Die reizende Ophelia hörte ihn nicht. Sie war längst in ihrer Sophaecke eingeschlafen. Er schrie jetzt, als ob er am Spiesse stak.

Der grosse Thienwiebel hatte natürlich erst recht keine Zeit für den Schurken. Er hatte den kleinen Ole Nissen, der jetzt kaum noch seine kleinen, wasserblauen Augen aufhalten konnte, vorn an seinem Rockkragen zu packen bekommen und declamirte nur wieder:

„Er ist eine Elster, Horatio! Eine Elster! Aber, wie ich Dir sagte, mit weitläufigen Besitzungen von -- Koth gesegnet!"

III.

Es war nicht anders! Aber er hegte Taubenmuth, der grosse Thienwiebel, ihm fehlte es an Galle . . .

Er hatte seit kurzem — er wusste nicht wodurch? — all seine Munterkeit eingebüsst, seine gewohnten Uebungen aufgegeben, und es stand in der That so übel um seine Gemüthslage, dass die Erde, dieser treffliche Bau, ihm nur ein kahles Vorgebirge schien. Dieser herr-

liche Baldachin, die Luft, dieses wackre, um-
wölbende Firmament, dieses majestätische Dach
mit goldnem Feuer ausgelegt: kam es ihm doch
nicht anders vor als ein fauler, verpesteter Haufe
von Dünsten. Welch ein Meisterwerk war der
Mensch! Wie edel durch Vernunft! Wie un-
begrenzt an Fähigkeiten! In Gestalt und Be-
wegung wie bedeutend und wunderwürdig im
Handeln, wie ähnlich einem Engel; im Begreifen,
wie ähnlich einem Gotte; die Zierde der Welt!
Das Vorbild der Lebendigen! Und doch: was
war ihm diese Quintessenz vom Staube? Er
hatte keine Lust am Manne — und am Weibe
auch nicht. Die Zeit war aus den Fugen! War
es zu glauben? Aber — e — man hatte ihm
noch immer nicht geschrieben. Man war undankbar in Christiania. Armer Yorick!

Sterben, schlafen . . . vielleicht auch träu-
men? . . .

Einstweilen jedoch hatte es allen Anschein,
als ob gewisse Rücksichten das Elend des armen
Yorick noch zu hohen Jahren kommen lassen
wollten. Jedenfalls wenigstens durften jetzt
die naseweisen Aktschüler unten in der Akademie den grossen unübertrefflichen Hamlet aus

Trondhjem schon seit vollen vierzehn Tagen
in den schönen, langen Vormittagstunden als
sterbenden Krieger copieren. Das war freilich
eine Entwürdigung, aber sie brachte Geld ein.
Nur genügte es leider noch nicht.

Wenn der „arme Yorick" jetzt Mittags nach
Hause kam und sich mit einem Appetit, als
hätte er eben vierundzwanzig Stunden lang
ohne aufzusehn Eichenkloben zerkleinert, über
die grosse Schüssel herstürzte, die ihm die
reizende Ophelia schon vorsorglich verdeckt,
der Photographie des grossen Thienwiebel grade
gegenüber, auf den Tisch gestellt hatte, fand
sich meist nur eine etwas grün angelaufene,
dünne Kartoffelsuppe drin vor, in der höch-
stens hie und da noch ein paar kleine, kohlschwarze Speckstückchen schwammen. Armer
Yorick! . . .

Amalie schien schon seit undenklichen Zeiten
ihre Nachtjacke nicht mehr in die Waschwanne
gesteckt zu haben. Wozu auch grosse Toilette
machen? Man war ja zu Hause.

„Nicht wahr, Thienwiebel?"

Der grosse Thienwiebel hielt es für unter
seiner Würde zu antworten. Er hatte sich eben

wieder in seinen alten, bequemen Schlafrock geworfen, aus dem die Watte freilich, ihrer nur noch geringen Quantität halber nicht mehr recht klunkern konnte.

Seinen William aufgeklappt hatte er sich jetzt wieder tiefsinnig rücklings über das kleine Blaukattunene geworfen.

> „O, schmölze doch dies allzu feste Fleisch,
> Zerging' und löst in einen Thau sich auf!
> Oder hätte nicht der Ew'ge sein Gebot
> Gerichtet gegen Selbstmord! O Gott, o Gott!
> Wie ekel, schaal und flach und unerspriesslich
> Scheint mir das ganze Treiben dieser Welt!
> Pfui! Pfui darüber!"

Amalie, die sich wieder auf ihre kleine, mollige Fussbank neben den Ofen gesetzt und eben ihre Schmalzstulle in den Kaffee gestippt hatte, sah jetzt etwas verwundert in die Höhe. Als aber der „arme Yorick" dann nicht mehr weiter las und, seinen William zugeklappt, sich jetzt sogar, ganz wider seine sonstige Gewohnheit, mit dem Kopfe gegen die Wand gedreht hatte, wurde ihr denn doch ein wenig unbehaglich zu Muth.

Eine Weile noch überlegte sie; dann aber, endlich hatte sie sich entschieden. Ihre Stimme klang noch kläglicher als sonst.

„Ich will nähen gehn, Niels."

„Nein, Amalie! Niemals! Niemals! Das werde ich nie dulden! Das wäre eine unverzeihliche Vernachlässigung Deiner heiligsten Mutterpflichten!"

Er war wieder empört aufgesprungen.

„Nein, Amalie! Nie! Niemals! . . . So lang Gedächtniss haust in dem . . . zerstörten Ball hier!"

Er hatte sich melodramatisch vor die Stirn gestossen.

Amalie fühlte sich wieder beruhigt und biss jetzt herzhaft in ihre Schmalzstulle . . .

„Herein?"

Es war Frau Wachtel. Sie brachte wieder die Milch für den Kleinen.

Der grosse Thienwiebel hatte es sich nicht versagen können, ihn auf den Namen Fortinbras taufen zu lassen.

„Na, Dickerchen? Langweilste Dich? Oh, mein Mäuseken! Oh!"

Sie fand nämlich, dass Amalie ihren heiligsten Mutterpflichten etwas nachlässig oblag und gestattete sich öfters eine kleine Controle.

Frau Rosine Wachtel war nämlich im Be-

sitze eines guten Herzens. Und, das musste
wahr sein, denn sie sagte es selbst und ver-
goss jedesmal Thränen dabei. Indessen war
ihr dieser Besitz noch nicht allzu gefährlich
geworden. Denn es war ihr noch Niemand
durchgebrannt und sie war noch immer zu ihrem
Gelde gekommen; und das war oft ein Stück
Arbeit gewesen. Frau Rosine Wachtel konnte
das Jeden versichern . . .

„Ach, Du Würmeken! Ach, mein Putteken!
Hab'n se Dir so in'n Korb jestochen!"

Die gute Frau Wachtel war ganz gerührt.
Aber plötzlich aus irgend einem Grunde, wahrscheinlich, weil draussen auf dem Flur eben
Jemand die Treppe heraufzukommen schien,
hielt sie es jetzt doch für besser, sich schnell
noch mal nach ihrer Küche umzusehn . . .

Der grosse Thienwiebel, der etwas ungeduldig gewartet hatte, bis ihr runder, trivialer
Rücken endlich hinter der Thür verschwunden
war, weil er wieder etwas wie einen Monolog
in sich verspürte, war jetzt tragisch auf das
kleine, runde Spiegelchen über der Kommode
zugetreten, aus dem ihm nun sein schöner, edel-
geformter Apollokopf melancholisch zunickte.

„Armer Freund! Wie ist Dein Gesicht be-
troddelt, seit ich Dich zuletzt sah!"

Amalie bekümmerte sich nicht mehr um
ihn. Sie kannte ihren grossen Gatten.

„Armer Freund!"

War das sein Haar? Sein schönes, be-
rühmtes, blauschwarzes Haar? Eine grausame
Natur der Dinge hatte ihm nun schon seit
Wochen verwehrt, es sich brennen zu lassen.
In die Stirn, in diese erhabene Wölbung maje-
stätischer Gedanken fiel es ihm nun in Strähnen,
dick und feist, wie sie selber, diese schale,
engbrüstige Zeit.

„Armer Freund!"

Nachdem er sich so zu der erhabenen
Mission, die ihm vorschwebte, genügend prä-
parirt zu haben glaubte, drehte er sich jetzt
gemessen nach dem kleinen, gelben Korb um,
der dicht neben dem Bett quer über zwei Stühle
gestellt war.

„Armes, kleines Menschenkind! Welch
böser Stern verdammte Dich in dieses Elend!"

Das arme, kleine Menschenkind zappelte ihn
an und lachte.

„Aber still! Still! Ich will alles einsetzen!

Ich will meine ganze Kraft einsetzen! Ich
werde arbeiten, Freund! Ich werde arbeiten!
Ich werde dem Schicksal die Stirn bieten; ich
werde ihm abtrotzen, dass Du in dieser herben
Welt dereinst jene Stellung einnimmst, die
Deinen Talenten gebührt . . . Ja! So macht
Gewissen Feige aus uns allen. Der angebornen
Farbe der Entschliessung wird des Gedankens
Blässe angekränkelt; und Unternehmungen voll
Mark und Nachdruck, durch diese Rücksicht
aus der Bahn gelenkt, verlieren so der Hand-
lung Namen!"

Seine Stimme bebte, seine Schlafrocktroddeln
hinter ihm, die er sich zuzubinden vergessen
hatte, zitterten.

Amalie hatte jetzt ihr Schmalzbrot wieder
bei Seite gelegt.

„Niels, ich will doch lieber nähen gehn!"

„Nie! Nie! Sprich nicht davon, Amalia!
Bei meinem Zorn! Sprich nicht davon!"

Amalie war wieder beruhigter denn je.

Ihr schönes Schmalzbrot war, Gottseidank,
noch nicht ganz alle. Der grosse Thienwiebel,
der einigermassen aus seinem Concept gekommen war, hatte jetzt einige Mühe, wieder

hineinzukommen. Den Shakespeare, den er
wieder von der Erde aufgelesen hatte, hinten
in seinen Wattenklunkern, die Finger krampfhaft um seinen rothen Saffianrücken, nickte er
jetzt wieder schmerzlich auf das kleine, ver-
wunderte Bündelchen hinab. Es hatte die ganze
Zeit über kaum zu mucksen gewagt.

„Ich weiss . . . ich werde sterben, Freund!
Ich werde sterben! — Das starke Gift bewältigt
meinen Geist. Ich kann von England nicht
die Zeitung hören; doch prophezei' ich, die
Erwählung fällt auf Fortinbras . . . Du lebst;
erkläre mich und meine Sache den Unbefriedigten!"

Der kleine Fortinbras war jetzt ganz ernsthaft geworden. Er hatte seinen grossen Papa
noch nie so menschlich mit ihm reden hören.

„Den Unbefriedigten . . ."

Der Regen draussen, der die braunen Dächer
drüben schon seit frühmorgens wie mit Glanz-
lack überzogen hatte, plätscherte, aus dem
Fensterblech, unter das die reizende Ophelia
natürlich wieder den Wasserkasten zu hängen
vergessen hatte, war er jetzt allmählich sogar
die graue Tapete hinab bis mitten unter das

kleine Blaukattunene gekrochen. Auf seinem
kleinen Teich drunter konnten die beiden an-
gebrannten Schwefelhölzchen bereits in aller
Gemächlichkeit rundherum Gondel fahren.

Plötzlich schien den grossen Thienwiebel
wieder mal irgend etwas unversehens gestochen
zu haben.

„Amalie! Amalie!!"

„Was denn schon wieder, Thienwiebel!"

Sie hatte sich nicht einmal umgesehn.

„Amalie! Es ist nicht zu leugnen: Das Kind
hat ganz aussergewöhnliche Fähigkeiten! Es
hat mich soeben angelacht. Es unterhält sich
ordentlich mit mir!"

Amalie grunzte nur verdriesslich.

„Ich wette, man kann ihm schon die An-
fangsgründe des Sprechens beibringen, Amalie!"

„Hm? Du! Sag mal: a! Na?! a—a—a . . ."

Der kleine gute Fortinbras wusste sich jetzt
vor lauter Verdutztheit gar nicht mehr zu lassen.
Er hatte seine beiden dicken Händchen rechts
und links in den Korbrand gekrallt und ähte
nun, seinen Kopf nach hinten zurückgelegt,
seinen grossen Papa ganz vergnügt an.

„Nicht ä, mein Junge! Sag a! A sollst
Du sagen! Also? Na? Aaaa! . . ."

„Ach, lass doch! Das kann er ja noch
nich!"

Amalie hatte es endlich doch für angezeigt
gehalten, sich in's Mittel zu legen.

„Was?! Das kann er nicht?! Sage das nicht.
Amalie! Sage das nicht! Dafür ist er mein
Junge! Hä? Bist Du mein Junge? Hä?"

„Aber er ist ja erst kaum ein Vierteljahr alt!"

„So? So? Nun, hm . . . Ich will nicht mit
Dir rechten, Amalie! Allein Du wirst doch
vorhin bemerkt haben, dass er durchaus ver-
stand, was ich meinte!"

Amalie gähnte. Sie gab es auf. Es hatte
ja keinen Zweck! Es war ja alles egal! So
oder so.

Der grosse Thienwiebel aber war damit noch
nicht zufrieden. Er konnte seine Idee noch
nicht so leicht wieder fallen lassen.

„Nein, gewiss, Amalie! Der Junge be-
rechtigt zu den besten Hoffnungen!"

„Ach . . ."

„Nun! Was ist denn da so Ungewöhnliches
dran, Amalie? Du weisst: es giebt mehr Ding'

in Himmel und auf Erden, als unsere Schul-
weisheit sich träumt, Amalie!"

Amalie gähnte nur wieder.

.. . . . und nun ihr Lieben,
Wofern ihr Freunde seid, Mitschüler, Krieger:
Gewährt ein Kleines mir!"

Sie gewährten es ihm.

Es war wirklich zu schön von dem grossen
Thienwiebel! Aber er hatte sich jetzt tief über
seinen kleinen, süssen Fortinbras, der zu so
grossen Hoffnungen berechtigte, gebeugt und
wollte ihn nun — o, zum ersten Mal, zum
ersten Mal, seit langer, langer Zeit, Horatio!
— wieder auf die kleine, bleiche Stirn küssen.

Aber es sollte nicht dazu kommen. Er war
bereits wieder zurückgetaumelt, noch ehe er
seine schöne That zum Austrag gebracht hatte.

„Ha!"

Seine Augen rollten, seine Fäuste hatten sich
geballt, die beiden rothen Troddeln hinten an
seinem Schlafrock schlotterten vor Entrüstung.

„Ha!"

Das Räthsel von der alten, lieben, guten,
geschäftigen Frau Wachtel von vorhin hatte
sich glänzend gelöst.

Sei's Farbe der Natur, sei's Fleck des Zu-
falls, kurz und gut, aber der kleine Prinz von
Norwegen lag wieder seelenvergnügt mitten in
seinen weitläufigen Besitzungen da.

IV.

Seit die schöne Frau Kanalinspector sorgsam in Sackleinwand genäht endlich abge-
gangen war, und weitere Promenaden am Hafendamm sich nicht wieder ergiebig erwiesen hatten,
war jetzt auch nebenan bei dem kleinen Ole
Nissen nichts mehr zu holen. Erneute Bohr-
versuche bei dem famosen, noblen Putthuhn
hatten auch nichts gefruchtet. Seine „Alte“
schien ihm nicht sonderlich imponirt zu haben.
Wenigstens hatte ihr kleiner „Tintoretto“ sie
bei seiner letzten officiellen Visite draussen vergeblich an den neuen, schöntapezierten Wänden
gesucht. Uebrigens waren die Herrschaften
leider gerade ausgegangen. Man schien eben
nicht blos in Christiania allein undankbar zu
sein.

Keine Hummern bei Hiddersen mehr, keine
Egypter mehr, keine „Mieze“ mehr! Das

Letzte schmerzte den armen kleinen Ole natürlich am meisten. Aber man konnte es der Kleinen wirklich unmöglich verdenken. Von aufgeweichten Brotkrusten liess sich nicht satt werden.

Der alten, lieben, guten Frau Wachtel aber war damit ein sehr grosser Stein vom Herzen gefallen. Sie hatte nämlich die niedliche kleine Mieze einmal dabei ertappt, als sie dem abscheulichen Ole gerade Modell stand, und da sie hierfür wirklich auch nicht das mindeste Verständniss besass, ein gewisses kleines Vorurtheil gegen sie gefasst.

Ihr gutes Herz zu bethätigen hatte sie in letzter Zeit leider nur wenig Gelegenheit gehabt. Am unzufriedensten aber war sie jedenfalls mit den dummen Thienwiebels. Was bei der alten Schlamperei dort schliesslich rauskommen musste, konnte man sich ja an den Fingern abzählen.

Der alte, alberne Kerl flözte sich den ganzen Tag auf dem Sopha rum und trieb Faxen, das faule, schwindsüchtige Frauenzimmer hatte nicht einmal Zeit seinem Schreisack das bisschen blaue Milch zu geben, zu fressen hatten sie

alle drei nichts, und die Miethe — ach, du
lieber Gott! Wenn man nicht wenigstens noch
die paar Sparkreeten gehabt hätte . . .

— — Ja! Es war Wermuth! Sein Ver-
stand war krank! Es fehlte ihm an Beförderung!
Im Schoosse des Glückes? O, sehr wahr! Sie
ist eine Metze! Was giebt es Neues? Als
Roscius noch ein Schauspieler zu Rom war . . .
Geharnischt, sagt Ihr? Sehr glaublich! Sehr
glaublich! — Ein Mann, der Stöss' und Gaben
mit gleichem Dank genommen, der zur Pfeife
nicht Fortunen diente, den Ton zu spielen, den
ihr Finger griff, ein Bettler, wie er . . . Nichts
mehr davon!! Sprich weiter, komm auf Hekuba!

In der That, es liess sich nicht mehr läugnen:
er war jetzt wirklich zu bedauern, der grosse
Thienwiebel!

O, welch' ein Schurk' und niedrer Sclav' er
war!! War's nicht erstaunlich? War's zu
glauben? War's möglich? War's nur durch
Angewohnheit, die den Schein gefälliger Sitten
überrostet, war's Uebermaass in seines Blutes
Mischung: kurz und gut, aber er kam jetzt
immer wieder auf sie zurück: auf nichts, auf
Hekuba!

Wozu sollten Gesellen, wie er, zwischen Himmel und Erde herumkriechen? Dem Staub gepaart, dem er verwandt, so rings umstrickt mit Bübereien ... nicht doch, mein Fürst!! Die Mausefalle? Und wie das? Metaphorisch! Ich bitte, spotte meiner nicht, mein Schulfreund; Du kamst gewiss zu meiner Mutter Hochzeit!

Armer Yorick! Denn wenn die Sonne Maden aus einem todten Hunde ausbrütet, eine Gottheit, die Aas küsst ... Armer Yorick!

Sein Wahnsinn war des armen Hamlet Feind. —

Amalie, die endlich ihre Drohung wahrgemacht und in der That seit einiger Zeit etwas zu thun angefangen hatte, was sie Tricottaillen nähen nannte, liess alles getrost über sich ergehen. Es hatte ja keinen Zweck! Es war ja Alles egal! So oder so.

Der gute, kleine Ole Nissen war unendlich zarter besaitet. Da Frau Wachtel so freundlich gewesen war und ihm nach so vielen andern geliebten Gegenständen kürzlich auch noch seine schönen leberwurstfarbenen Pantalons in's Leihhaus getragen hatte, war er jetzt dazu verdammt, die ganzen Tage über in seinem Bett zu liegen und durch die dünnen Bretterwände durch die ganze Wirthschaft mit anzuhören.

„Ha! Büberei! Auf, lasst die Thüren schliessen! Verrath! Sucht, wo er steckt! Du betest schlecht! Ich bitt' Dich! Lass die Hand von meiner Gurgel! Kennst Du diese Mücke?!"

Armer kleine Ole! War es Angst oder nur Langeweile? Aber der Schweiss brach ihm oft tropfenweis durch die Stirn.

Der grosse Thienwiebel schien es ordentlich auf ihn abgesehen zu haben! Alle Nachmittag Punkt 5 Uhr versäumte er es jetzt nie, sogar seine „Bude" zu inspizieren. Diese war freilich noch erbärmlicher als seine eigene, aber sie besass dafür den Vorzug, dass man aus ihrem Fenster bequem unten auf das breite, platte, getheerte Nachbardach klettern konnte, von dem man dann eine erfreuliche Aussicht auf die verschwiegenen Brandmauern mehrerer Hinterhäuser genoss. Ein kleines, anspruchsloses Pflaumenbäumchen, dessen verkrüppelte Aestchen von Raupen und Spatzen nur so wimmelten, vervollständigte das Idyll. Der

arme, kleine Ole spürte die verhängnissvolle
Zeit schon immer eine ganze Weile vorher in
seinen Knochen. Der grosse Thienwiebel be-
liebte es dann nämlich immer, gewisse Unter-
haltungen mit ihm anzuknüpfen, die so geist-
voll, ideentief und farbenreich waren, dass dem
armen, kleinen Ole, den seine ewigen Brotkrusten schon ohnehin arg mitgenommen
hatten, nur so der Kopf danach brummte.

„Ich will hier im Saale auf und abgehen,
wenn es Seiner Majestät gefällt; es ist jetzt
bei mir die Stunde, frische Luft zu schöpfen.
Lasst die Rappiere bringen!"

Die „Rappiere" waren zwei Leiterstücken,
die man zusammenlegen und von draussen her
in das Fensterkreuz einhaken konnte.

Wenn sie „gebracht" worden waren, endete
die Geschichte natürlich stets damit, dass man
sie auch richtig einhakte und an ihnen hinab-
kletterte.

„Hic et ubique! Aendern wir die Stelle!"

Dann war man in „Helsingör" und prome-
nierte auf der „Terrasse". Der grosse Thienwiebel in Fez und Schlafrock, der kleine Ole
in Havelock und Unterpantalons.

„Ich will die Lieb' Euch lohnen, lebt denn
wohl, Horatio! Auf der Terrasse zwischen elf
und zwölf besuch' ich Euch . . . Nicht wahr?
Ihr — e . . . seid ein — Fischhändler?!"

Scham, wo war dein Erröthen!

Der arme, kleine Ole wusste zuletzt selbst
nicht mehr: war eigentlich er verrückt. oder
Nielchen.

Aber er hätte sich nicht so zu härmen
brauchen. Der grosse Thienwiebel wusste nur
zu gut. was er that. Er war nur „toll aus
Methode". Er war nur toll bei Nordnordwest;
wenn der Wind südlich war. konnte er sehr
wohl einen Kirchthurm von einem Leuchten-
pfahl unterscheiden.

Die ewige Aktsteherei unten in der alten,
dummen Akademie war ihm eben nachgerade
langweilig geworden. und da er der alten,
lieben, guten Frau Wachtel doch unmöglich
zutrauen durfte, dass sie ihn noch länger gratis
beherbergte, wenn er sich jetzt diese „Quelle
köstlicher Dukaten" so sans façon wieder zu-
stopfte, war er eben eines schönen Tages auf
die grossartige Idee verfallen. sich hier in

dieser herben Welt voll Müh' nach und nach
für wirklich übergeschnappt auszugeben.

„Ha! Heisa Junge! Komm Vögelchen!
Komm! Ich muss nach England; wisst Ihr's?
Himmel und Erde! Es ist nur eine Thorheit,
aber es ist eine Art von schlimmer Vorbe-
deutung, die vielleicht ein Weib ängstigen
würde. Was? Eine Ratte? Die Spitze auch
vergiftet? Nein! Nein, schöne Dame! Nicht
nur mein düstrer Mantel, gute Mutter, noch
die gewohnte Tracht von ernstem Schwarz,
noch stürmisches Geseufz beklemmten Odems:
nein: Auch die Schmeichelsalb'! Ich hab's ge-
schworen! Weglöschen von der Tafel der Er-
innerung will ich all' jene thörichten Ge-
schichten! Nie beuge sich dieses Kniees
gelenke Angel, wo Kriecherei Gewinn bringt!
Ich trotze allen Vorbedeutungen: es waltet
eine besondere Vorsehung über dem Fall eines
Sperlings. In Bereitschaft sein ist alles. Wetter!
Denkt ihr, dass ich leichter zu spielen bin als
eine Flöte? Nennt mich, was für ein Instrument
ihr wollt! Ihr könnt mich zwar verstimmen,
aber nicht auf mir spielen . . .“

Ha! Was? Ein königliches Bubenstück!

Dem kleinen Fortinbras schien dieses königliche Bubenstück am wenigsten zu imponiren. Ja, aus gewissen Anzeichen glaubte sein grosser Papa manchmal sogar schliessen zu dürfen, dass er noch nicht einmal recht Notiz von ihm genommen hatte.

Am auffälligsten zeigte sich dies aber regelmässig dann, wenn es sich um die „ersten Elemente der Gesangskunst" handelte. Denn der „arme Yorick" war durchaus nicht gewillt, seinem schrecklichen Wahnsinn zu liebe auch die seltnen Talente seines zu so grossen Hoffnungen berechtigenden Söhnchens verkümmern zu lassen.

Es war ausgemacht! Es war ausgemacht, o reizende Ophelia! Ja! Sagen wir Ophelia! Teufel! Warum sollten wir nicht Ophelia sagen? Kurz und gut: es war ausgemacht. Es sollte ihn und seine Sache den Unbefriedigten erklären ... Den Unbefriedigten!...

Sobald er daher nur irgendwie merkte, dass der kleine Ole nebenan wieder einmal eingeschlafen und die gute Frau Wachtel wieder mal ausgegangen war und so „die Beiden, denen. er wie Nattern traute," ein Zeitlang wieder „unschädlich" gemacht waren, ging der Tanz los.

Seines Kummers „Kleid und Zier" war dann plötzlich wie abgefallen von dem grossen Thienwiebel.

Seine „Einbildungen, schwarz wie Schmiedezeug Vulkans" hatten den armen Yorick verlassen, er war wieder „zahm, Herr!"

„Hört doch! Ich bin wieder zahm, Herr! Sprecht! Ich bin wieder zahm!"

Aber der kleine, verstockte Fortinbras wollte nicht. Er hatte sich wieder nur in Ermanglung seines Gummipfropfens, den ihm die reizende Ophelia verbummelt hatte, seinen grossen Zeh in den Mund gestopft und sog nun, dass es ihm aus den kleinen, mattrosa Mundwinkelchen nur so tropfte. Die ersten Elemente der Gesangskunst liessen ihn heute augenscheinlich noch kälter als sonst.

Empört hatte sich jetzt der grosse Thien- wiebel wieder in die Höhe gerückt. Die beiden rothen Troddeln hinten an seinem Schlafrock zuzubinden hatte er natürlich wieder vergessen.

4

„Amalie! Ich bemerke soeben zu meinem
grössten Erstaunen, Fortinbras ist störrisch!"

Amalie, die jetzt ihre kleine, mollige Fussbank der Tricottaillen wegen zu ihrem grossen
Leidwesen vom Ofen an's Fenster hatte verlegen müssen, war grade dabei, sich ihre erste
Nadel für heute einzufädeln. Sie hatte wieder
so lange inhaliren müssen . . .

„Störrisch?"

„Wie ich Dir sage, Amalie! Störrisch!"

„Ach, nich doch!"

„Amalie? Ich sage Dir noch einmal
störrisch! Fortinbras ist störrisch! Stör-risch!!"

„Ach, red' doch nich! Wo soll er denn
störrisch sein!"

„Amalie?!"

Amalie sah sich nicht einmal um. Sie
zuckte kaum mit den Achseln.

„So! So! Also, Du glaubst mir nicht mehr,
wenn ich Dir etwas sage! Du misstraust mir!
In der That! In der That! Ich hätte mir das
denken können! Sag's doch lieber gleich!
Wozu die Umstände! Du bedauerst, dass ich
mich nicht noch schneller aufreibe!"

Amalie nieste. Sie wollte ihren Schnupfen
gar nicht mehr los werden. Mitten im Sommer.

„Natürlich! Wie sollte man auch nicht!
Man vertreibt sich die Zeit mit — Niesen!
Man trinkt Kaffee und vertreibt sich die Zeit
mit — Niesen! In der That! In der That!
Andre Leute mögen unterdess zusehn, wie
sie fertig werden! . . . Aber, ich werde es
Dir beweisen, Amalie! Hörst Du? Ich werde
es Dir beweisen, dass Fortinbras störrisch
ist! — — Du! Sag a . . . a . . Nun? Wird's
bald? . . . Na? . . . A! . . . Du Schlingel! A! . .
A!! . . Ha! Siehst Du?! Wie ich Dir sagte,
wie ich Dir sagte, Amalie! Der Lümmel brüllt,
als wenn ihm der Kopf abgeschnitten wird!
Er ist störrisch! Habe ich Recht gehabt?! —
Willst Du still sein, Du Zebra?! Gleich bist
Du still!"

Jetzt endlich war Amalie an ihrem Fenster
plötzlich etwas aufmerksamer geworden.

„Du willst ihn doch nicht etwa — schlagen?"

„Gewiss will ich das, Amalie! Ein Kind
darf nicht eigenwillig sein! Ein Kind bedarf
der Erziehung, Amalie! Eine leichte Züchti-
gung . . ."

4

„Niels!!"

„Ach was! Aus dem Weg! Aus dem Weg, sage ich! . . . Da, Du in-famer Schlingel! Da, Du in . . . Amaaalie!"

„Gewiss, Du alter Esel! Du glaubst wohl, Du kannst hier am Ende thun, was Du Lust hast? Du gehörst ja in die Verrücktenanstalt! Wie kann man denn 'n Kind von 'nem halben Jahr so malträtiren?! Wie kann es störrisch sein?! Wie kann man es schlagen!"

„Amaaalie!!"

War's möglich?! War es zu glauben?! War das seine Backe?!

„Amaaalie!!! . . .."

V.

„Wirthschaft, Horatio! Wirthschaft! Das Gebackne vom Leichenschmaus gab kalte Hochzeitsschüsseln. E — doch, um auf der ebenen Heerstrasse der Freundschaft zu bleiben: was macht Ihr auf Helsingör?"

Der grosse Thienwiebel hatte wieder gut auf der ebenen Heerstrasse der Freundschaft zu bleiben; was sollte der kleine Ole gross

machen auf Helsingör? Was er nun schon seit
Wochen machte: Firmenschilder pinseln! Das
rentirte sich nämlich famos, weisst Du!"

Abel Gröndal: Materialwaarenhandlung, auch
Häringe — Lars Brodersen: Canariensieen und
Hanfsaamen — Jacob Lorrensen: Alle Sorten
Rauch-, Schnupf- und Kautabak — etc. etc.
Hä?! Was?! Noble Putthühner!!

Die schönen Leberwurstfarbenen waren
wieder zu Ehren gekommen, die prachtvollen
Egypter wurden wieder nur so pfundweis ver-
pafft, die verteufelte, kleine Mieze liess die
arme, liebe, alte, gute Frau Wachtel kaum
mehr vom Schlüsselloch wegkommen.

Es war aber auch wirklich schrecklich, was
es jetzt alles dort drinnen zu sehn gab. Die
vielen weissen Salbentöpfe, in die die Farben
nur so wie Butter eingequetscht waren, die
merkwürdig grossen Maurerpinsel, die der ge-
schäftige, kleine Ole kaum zu dirigiren ver-
mochte, die schönen, dicken, mannslangen
Bretter, auf denen man jetzt die wunderbarsten
Sachen zu lesen bekam, und vor allen Dingen
auch jener grosse, geheimnissvolle, grüne Wand-
schirm dicht neben dem Ofen, hinter dem sich

immer die schändliche, kleine Mieze versteckt
hielt, das alles interessirte die alte, liebe, gute
Frau Wachtel auf das lebhafteste. Noch nie
hatte sie sich mit ihrer Stellung als Zimmer-
vermietherin so zufrieden gefühlt. Die drückend-
sten alten Rückstände waren wieder aus-
geglichen, für die dösigen Thienwiebels brauchte
ihr jetzt auch nicht mehr so bange zu sein,
ja, ja! Der liebe Herrgott!

Die reizende Ophelia war wieder in ihren
alten Stumpfsinn zurückverfallen. Sie bereute
ihre Unthat auf's Tiefste. Das Einzige, was
ihr so schliesslich noch vom Leben übrig geblieben war, war ihr Salbeitopf.

Ihr grosser Gatte verachtete sie nur noch
. . . Geschrieben — e . . . hatte man ihm
zwar unterdessen bereits, aber — e . . . eh!
wie kam's, dass sie umherstreiften? Ein fester
Aufenthalt war vortheilhafter für ihren Ruf
als ihre Einnahme!" Kurz und gut, es war
eben nur eine umherziehende Truppe gewesen
und der grosse Thienwiebel hatte sich zu de-
gradiren gefürchtet. So lange noch der kleine
Ole da nebenan da war . . . kurz und gut:
er that, was ihm Beruf und Neigung hiess!

Denn ... e ... jeder Mensch hat Neigung und
Beruf!

Am schlimmsten erging es entschieden dem
kleinen Fortinbras. Seine Zähnchen hatten ihm
seinen schönen Gummipfropfen ganz verleidet.
Er hatte an nichts mehr Freude; nicht einmal
am Schreien mehr.

Er war ein vollendeter Pessimist geworden.
An seinem künftigen Beruf, seinen grossen
Vater den Unbefriedigten zu erklären, schien
ihm nur noch wenig zu liegen. Sein kleines
Züngchen war dick belegt, seine Händchen
sahen weiss, wie Kuchenteig aus. er schlief
jetzt oft ganze Tage lang.

Nur heute Abend war er auffallend munter.

Die beiden hellen Lampen auf dem Tische,
die vielen Leute, der Scandal, der merkwürdig
grosse Zuckerkringel, den man ihm so uner-
wartet in die Hand gesteckt hatte: er begriff
das alles nicht. Nun blos noch'n bisschen
Streupulver! —

Die Damen hatten auf dem Sopha Platz
genommen, die kleine Mieze, die sich zu den
Mannsleuten rechnete, sass dem kleinen Ole
vis-à-vis, der grosse Thienwiebel präsidirte.

Die grossartige Gans mitten auf dem Tisch, in deren knusprigen Prachtrücken er eben energisch seine blitzende Bratengabel gestossen hatte, roch durch das ganze. kleine Zimmer. Die beiden Lampen rechts und links brannten durch ihren Dampf wie durch einen Nebel. Frau Wachtel, die sich in ihrer Sophaecke wie auf einem Präsentirteller vorkam, athmete schwer. Sie hatte heute ihr „Seidnes" an.

„Willkommen, all ihr Herrn! Wir wollen frisch daran, wie französische Falkonire, auf alles losfliegen, was uns vorkommt! Beim Himmel! Den mach' ich zum Gespenst, der mich zurückhält! . . . Ha! Seid Ihr tugendhaft, schöne Dame?"

„Thienwiebelchen?"

Der kleine Ole, der sich eben über seinen pompösen Flügel hergemacht hätte. blinzelte vor Entzücken. Die kleine Mieze war heute mal wieder ordentlich zum Anknabbern!

„Thienwiebelchen?!"

Das reizende Grübchen in ihrem rosa Fingerchen kam jetzt so recht zur Geltung.

„Thienwiebelchen? Es giebt was!"

Aber der grosse Thienwiebel, der sich jetzt

auch die Serviette unter sein blaues Doppel-
kinn gestopft hatte, fühlte sich wieder durchaus auf der Höhe der Situation.

„Meint Ihr, ich hätte erbauliche Dinge im
Sinn? Ein schöner Gedanke, zwischen . . .“

„Nielchen!“

Der kleine Ole hatte es für die höchste
Zeit gehalten.

Er hatte sich jetzt auch seinen prachtvollen
Porter eingeschenkt und schwenkte ihn nun
fidel gegen die neue Lampe.

„Putthuhn Nro. 25!“

Sein schönes Jubiläum sollte nicht so ohne
Weiteres zu Wasser werden.

„Putthuhn Nro. 25!“

Die kleine Mieze war jetzt ganz roth vor
Vergnügen. Die beiden, kleinen, silbernen
Ringe in ihren Ohrläppchen blitzten, ihr
Stumpfnäschen sah wie aus Marcipan aus.

„Bravo, Dickchen! Es soll leben! Putthuhn
Nro. 25!“

Sie hatte ausgelassen mit ihm ange-
stossen.

Frau Wachtel räusperte sich jetzt. Ihr
Seidnes hatte sich eben etwas geklemmt.

„Etwas — etwas Sauce gefällig, Frau Thienwiebel?"

Amalie nickte. Ihr Teller schwamm zwar schon, aber: es war ja alles egal. So oder so.

Ihr grosser Gatte drüben suchte eben wieder einzulenken.

„Nun, nun, schöne Dame! Denn — e — wenn die Sonne Maden aus einem todten Hunde ausbrütet, eine Gottheit, die . . Ha! Wilde Hölle! Wer ist, dess Gram so voll Emphase tönt?!"

Es war der kleine Fortinbras. Sein Zuckerkringel war ihm eben über den Korbrand weg auf die Stuhlkante gefallen, dort entzweigeschlagen und lag nun in kleine Stücke zerbröckelt unten auf den schmutzigen Dielen.

„Ha, mörderischer, blutschändrischer, verruchter Däne! Trink diesen Trank aus! Ich will den Wanst ins nächste Zimmer schleppen!"

Aber die besorgte kleine Mieze hatte ihre Gabel schon schnell wieder auf ihren Teller klappen lassen.

„Ach! Nicht doch, Thienwiebelchen! Nicht doch!"

Sie war aufgesprungen und bückte sich jetzt zierlich über den plumpen Korbrand.

„O, mein Zuckerpüppchen! Mein Schatz! So ein niedliches, kleines Kerlchen! Nicht wahr, Du willst auch was haben? Ach, mein Liebchen!!"

Sie hatte sich jetzt den kleinen Fortinbras auf den Schooss gesetzt und küsste ihn nur so:

„Auch was haben, Dickerchen?" Kuss! — „Auch was haben, Dickerchen?" Kuss! Kuss, Kuss, Kuss!!

Der kleine Fortinbras juchzte. Er hatte noch nie so etwas erlebt. Er zappelte jetzt, dass es nur so eine Art hatte. Er lachte! Aus vollem Halse!

„Grrr . . grrr . . . grrr . . . äh! Grrr . . . äh!"

Der grosse Thienwiebel sass da. Die Weste unten aufgeknöpft, die Augenbrauen tragisch in die Höhe gezogen.

„Wie keck der — e — Bursch ist! . . . Wahrhaftig, Horatio! Ich habe seit diesen drei Jahren darauf geachtet. Das Zeitalter wird so spitzfindig, dass der Bauer dem Hofmann auf die Fersen tritt!"

Aber der kleine Ole beachtete ihn kaum.

Die kleine Mieze war ihm jetzt weit interessanter. Sie sah jetzt ordentlich wie eine kleine Hausmutter aus.

„Na, Dickerchen?"

Auch Frau Wachtel machte jetzt grosse Augen. Amalie pappte.

„Ja, mein Junge! Sie essen alle, und mein Dickerchen soll gar nichts haben! Wie? Aber das lässt er sich nicht gefallen! Wie? — Ach, bitte, Frau Thienwiebel! Reichen Sie mir doch das Bisschen Bisquit da von der Commode her. Auch die Milch, bitte!"

Frau Thienwiebel erhob sich schwerfällig und brachte das Verlangte.

Die kleine Mieze hatte den Bisquit jetzt aufgeweicht und fing nun an, den kleinen Fortinbras damit zu füttern. Von ihrem Teller, auf dem neben den drei gebratenen Aepfeln nur noch ein paar kleine, fetttriefende Hautstückchen lagen, naschte sie kaum.

Der kleine Fortinbras stöhnte vor Behagen.

„He? Willst Du noch mehr, Dickerchen? Noch mehr?"

Der kleine Ole hatte sich jetzt neugierig über den Tischrand gebogen. Sein Schnurr-

bärtchen duftete natürlich wieder nach chine-
sischer Tusche.

„Nein! Nein! Nu sieh doch blos, Dickerchen! Wie es dem Balg schmeckt! — Was?!
Noch mehr?! — No! No! Nur nicht gleich
schreien! — So!"

Frau Wachtel war jetzt ordentlich bis zu
Thränen gerührt. Und wenn sie bis zu Thränen
gerührt war, vergass sie es auch nie von ihrer
verstorbenen Pflegetochter zu erzählen. Und
das kam ziemlich oft vor.

„Ja, sehn Sie! Sie war ein Engel, Frau
Thienwiebel! Ein Engel!"

Frau Thienwiebel kaute.

Frau Wachtel beschrieb jetzt ausführlich
die Krankheit des Engels und wie er dann
gestorben war. Er hatte Malchen geheissen
und war dabei so himmlisch geduldig gewesen.

„Ja, sehn Sie, Herr Nissen! Sie war mein
Einz'ges! Sie tröstete mich noch, als schon
der Tod kam. Sie war ein Engel!"

Sie hatte sich jetzt auch auf ihr Taschentuch besonnen und drückte es sich nun abwechselnd in die Augen.

„Ach, wein' doch nicht, Mutterchen! Wein'

doch nicht! Nun komm ich ja zum lieben Gott!"

Sie weinte jetzt, dass ihr die Thränen nur so auf ihr Seidnes kullerten!

Der kleine Ole war bereits eine ganze Zeit lang verlegen auf seinem Stuhl hin und her gerutscht. Er hatte es unten auf das kleine, niedliche Füsschen unterm Tisch abgesehn gehabt und war dabei eben auf die alten, pflegmatischen Filzpantoffeln der reizenden Ophelia gestossen.

Er war ordentlich roth darüber geworden.

„Ja! Sehn Sie! Sie war mein Einziges!"

Der kleine Fortinbras plantschte vor Wonne.

„Grrr . . . grrr . . . grrr . . ."

Dieses freundliche, frische Gesicht mit den hellen Augen und den blonden Löckchen über ihm - er kam gar nicht mehr raus aus dem Lachen!

„Grrr . . . grrr . . . grrr . . . Ah!"

Seine Händchen hatten jetzt in die Höhe gegrapscht, die kleine Mieze liess von ihm ihre Stirnlöckchen zausen.

„Nein, Dickchen! Nu sieh doch blos! Nu sieh doch blos!"

Der kleine Ole schnäuzte sich. Er war jetzt wie mit Blut übergossen.

„Ja! Das glaub' ich! Das hast Du wohl noch nicht so gut gehabt, Dickerchen! Wie?"

Jetzt hatte sich endlich auch Frau Wachtel über ihn gebückt. Ihr Taschentuch lag wieder sauber ausgefältelt auf ihrem Schooss, sie kitzelte ihn jetzt wohlwollend unterm Kinn.

„Ach, mein Putteken! Ach, mein Mäuseken! Hab'n se Dir so lange hungern lassen!"

Ihre Stimme zitterte, sie sah noch ganz verweint aus.

Amalie tunkte grade ihre Sauce auf.

Der grosse Thienwiebel aber hatte sich nunmehr rücklings in seinen Stuhl zurückgelehnt und starrte jetzt, die Hände in den Hosentaschen, erhaben oben in die beiden gelben Lichtklexe, die die Lampen zitternd an die Decke malten.

Denn, was ein armer Mann wie Hamlet ist . . . Nichts mehr davon!

Der Rest war Schweigen .

Endlich war alles wieder abgeräumt. Frau Wachtel, die nicht Scat spielte, hatte sich mit ihrem „Seidnen", ihrem Taschentuch und ihrer

zweiten Lampe wieder hinten in ihre Küche
zurückgerettet, Amalie kauerte wieder auf
ihrem Fussbänkchen neben dem Ofen. Sie
hatte sich noch nachträglich eine kleine Braten-
schmalzstulle geschmiert.

Es war ziemlich kalt im Zimmer. Das
Feuer war ausgegangen und man hatte nichts
mehr nachzulegen. Der grosse Thienwiebel,
dessen Schlafrock mit der Zeit aufgehört hatte
scatfähig zu sein, hatte sich statt dessen in die
rothe Bettdecke eingewickelt.

„Die Luft geht scharf; es ist entsetzlich
kalt! Tourner, Horatio!"

„Passez, Nielchen!"

„Dito, Tienchen!"

„Was denn, Schäfchen?"

„Na, wird's bald?"

„Ah so! — Da, Schäfchen!"

„Na, endlich!"

Sie hatte die Cigarrette, die ihr der kleine,
eifrige Ole gereicht hatte, mit spitzen Fingern
angefasst und zog jetzt ein Gesicht, als ob ihr
der Rauch lästig wäre. Sie wusste, dass ihr
das liess! Es hatte auch sofort den Erfolg,
dass ihr ihr Dickchen einen Kuss mauste.

„Nein doch! So eine Unverschämtheit!"

Sie hatte ihn unterm Tisch mit dem Knie gestossen.

„Pique Ass! Nicht wahr, Wiebelchen?"

„Sehr wohl, schöne Dame! Sehr wohl! Vortrefflich, meiner Treu! Was wäre da zu fürchten? Ich — e — selbst bin — e — hm! — leidlich tugendhaft . . ."

Der kleine Fortinbras war jetzt vollständig vergessen. „Voll Speis' und Trank in seiner Sünden Maienblüte" lag er jetzt wieder „sicher beigepackt" hinten in seiner dunklen Korbecke und starrte nun trübselig drüben in den Cigarrettenqualm, der in dicken Schichten um die grüne Glocke wogte. Seit seiner Geburt war er nicht übermässig oft aus seinem Winkel hervorgeholt worden. Das unerwartete Glück heute hatte ihn ganz sehnsüchtig nach dem Lichte dort gemacht. Der Schooss, der Zuckerkringel, die Löckchen . . . er hatte wieder zu quäken angefangen.

Amalie rührte sich nicht. Der Bengel wollte blos immer genommen sein. Sie hatte schon an einmal genug.

„Coeur Trumpf, Nielchen!"

„Ihr sagtet?"

„Ich sagte: Coeur Trumpf, Nielchen! Coeur Trumpf!"

„Ha, blut'ger kupplerischer Bube! Unmöglich bei diesem verwünschten Geschrei ein Wort zu verstehen! Wenn Du nicht gleich still bist, Du infames Balg, dann schlag' ich Dich blitzblau wie eine Heidelbeere!"

„Nicht doch! Das kneift ja, Ole! Au!"

„Ach was, Schäfchen! Lass doch!'

Das Sopha hatte in diesem Augenblicke genug mit sich selbst zu thun.

Amalie, die auf ihrer kleinen Fussbank schon wieder halb eingenickt war, blinzelte kaum. Der grosse Thienwiebel war vor einer zweiten Ohrfeige sicher.

Er hatte sich jetzt in seiner rothen Bettdecke ergrimmt vor den Korb gestellt und brüllte nun wüthend auf das arme, kleine Bündelchen ein.

„Willst Du still sein, Du — Lausbub!?"

Aber der „Lausbub" war's nicht. Er wollte auch mal va banque spielen. Er schrie jetzt, als wenn er seine kleinen Lungen auseinandersprengen wollte.

„Aber . . . Das ist doch wirklich unerhört!
. . . Na, warte! Du . . . Du — Lindwurm, Du!
Warte!"

Er prügelte ihn jetzt, dass es nur so klitschte.
Als aber auch das nichts half, riss er das
Kopfkissen unter ihm vor und presste es ihm
auf das Gesicht.

Der kleine Fortinbras war jetzt auf einen
Augenblick vollständig verstummt. Sein Geschrei war wie abgeschnitten.

Aber der grosse Thienwiebel hatte noch
nicht genug.

„Nichtsnutziger Patron!"

Er hatte ihm jetzt das Kissen noch fester
aufgedrückt.

Der kleine Ole hatte die kleine Mieze, die
noch ganz roth vor Aerger war, wieder losge-
lassen. Er war jetzt ordentlich ängstlich geworden.

„Um Gottes Willen, Nielchen! Er erstickt ja!"

„Ach Unsinn! So schnell geht das nicht!"

Nein! So schnell ging das auch nicht. Denn
als der grosse Thienwiebel nach einiger Zeit
das Kissen fortnahm, schnappte zwar der kleine
Fortinbras ein paar Augenblicke verzweifelt

5*

nach Luft, fing dann aber sofort wieder von Neuem an.

„Ole!"

Empört war die kleine Mieze jetzt aufgesprungen. Das schreckliche Kopfkissen hatte den Kleinen von neuem zugedeckt.

„Ole! Das leidst Du?"

„Ach was! Er weiss es ganz gut, der Lümmel! Er soll nicht schreien! Es ist die reine Bosheit! Man bekommt das wirklich satt!"

„Pfui! Ole komm! Lass den alten — Pavian!"

„Pa . . . Pa . . . Pa . . ."

Der kleine Ole hatte jetzt verlegen nach seiner Uhr gesehn.

„ . . . Pavian?!!"

Endlich war der grosse Thienwiebel wieder zu sich gekommen!

„Hinaus, sag' ich!! Hinaus!!"

Aber sie waren es bereits. Einen Augenblick lang noch hörte er sie draussen durch die Küche tappen; dann, endlich. war nebenan bei ihnen die Thür zugefallen.

Er stand da! Um seine Schultern die rothe Bettdecke, in seiner Rechten das kleine, blau-

gewürfelte Kopfkissen. Drüben, in der Ofen-
ecke, die reizende Ophelia.

„Da! Nymphe!!"

Er hatte ihr das Kissen in's Gesicht geschleudert. —

VI.

Seit ihr zweiter, unliebenswürdiger Gatte ihr
vor ungefähr fünf Jahren auf der „dicken Selma"
treulos nach Canada ausgerückt war, hatte die
liebe, gute, alte Frau Wachtel keinen solchen
Aerger mehr auszustehen gehabt.

Nicht blos, dass seine Stiefelabsätze noch
überall auf dem Sopha deutlich zu sehen waren,
nicht blos, dass das Fensterkreuz von den
dämlichen Leiterstücken, die jetzt natürlich zerbrochen unten auf dem Pappdach lagen, total
ruinirt war, bewahre: auch die ganze Tapete
war von oben bis unten mit Oelfarben beklext!
Der vermaledeite, knirpsige Schmierpeter schien
sich die ganze Zeit dran seine schwein'schen
Pinsel ausgequetscht zu haben. Pfui Deibel, ja!

Aber, das war ihr ganz recht! Warum
hatte sie das ganze Pack nicht schon längst

an die Luft gesetzt! Wenn's wenigstens noch
die verrückten Thienwiebels gewesen wären.
Aber die holte ja der Satan nicht! Die hakten
fest wie Kletten an ihr!

Die alte, liebe, gute Frau Wachtel war ganz
ausser sich. Aber sie hatte wirklich Pech mit
ihren Mannsleuten. Der kleine Ole hatte sich
in der That nicht entblödet, ihr mit Hinter-
lassung einiger alter „Schinken", deren Dar-
stellungsobjecte es unmöglich zuliessen, dass
man sie sich über's Sopha hing, auszukneifen.

„Solch' eine That, die alle Huld der Sitt-
samkeit entstellt, die Tugend Heuchler schilt,
die Rosen wegnimmt von unschuldvoller Liebe
schöner Stirn und Beulen hinsetzt . . . Ha!"

Aber der grosse Thienwiebel suchte sich
jetzt vergeblich beliebt zu machen. Seine
„Schmeichelsalb'" zog nicht mehr. Frau Rosine Wachtel verlangte jetzt energisch ihre
Miethe.

Heut' war der Siebente: wenn ihr bis zum
Vierzehnten nicht alles bezahlt war: — raus!!

Ja! . . . Sterben — schlafen — nichts
weiter! Und zu wissen, dass ein Schlaf das
Herzweh und die tausend Stösse endet, die

uns'res Fleisches Erbtheil — 's ist ein Ziel auf's
Innigste zu wünschen! . . . Ja! dies war ehe-
dem paradox! Paradox! . . . Doch nun — be-
stätigte es die Zeit! Armer Yorick! . . .

Der grosse Thienwiebel fühlte, dass es jetzt
zu Ende war mit seiner Kraft. Er wollte nun
arbeiten, Freund! Arbeiten! Er wollte seine
ganze Kraft aufbieten. Er — er . . . er wollte
ihn „suchen" gehn! „Lasst mich! Er ist ermordet, Amalie! Er ist ermordet!" . . .

Er hatte sich jetzt wieder seinen alten, oli-
vengrünen Leibrock zurechtgeflickt und trieb
sich nun ganze Tage lang im Hafenviertel
umher. — „Ha! Todt?! Für 'nen Dukaten,
todt?!" . . . Er hatte wieder eine prachtvolle
Ausrede. Ein Bubenstück! Er brauchte jetzt
kaum mehr die Nächte nach Hause zu kommen. Er schnurrte sich herum, so gut es ging.
Da gab es noch — e: Collegen! Leute! Leute?
Pah, Stümp'rr! Aber — e . . . sie — e . . .
Nun ja! Sie sorgten für die Bewirthung der
Schauspieler. Wetter! Es lag darin etwas
Uebernatürliches! Wenn die Philosophie es
nur hätte ausfindig machen können! . . .

Aber die Philosophie machte es nicht ausfindig. Der grosse Thienwiebel kam nie dahinter.

Er hatte sich jetzt nach und nach bis unten in die Hafenspelunken verirrt. Mehrere Sackträger waren bereits seine Dutzbrüder geworden. Bevor nicht „der Hahn, der als Trompete dient dem Morgen" bereits mehrere Male nachdrücklich gekräht hatte, kam er jetzt selten mehr die Treppen in die Höhe gestolpert.

Amalie nähte noch immer ihre Tricottaillen. Der Stumpfsinn hatte sie nach und nach zur reinen Maschine gemacht. Die reizende Ophelia in ihr war jetzt endgültig begraben. Für alle Zeiten! . . . Ihre Brust war noch schwächer geworden . . .

Dem kleinen Fortinbras ging es noch jämmerlicher. Sein ganzes Gesichtchen war jetzt dicht mit rothen Pusteln betupft. Ein Schächtelchen Zinksalbe, zu dem sich die Familie im Anfang denn doch noch aufgeschwungen hatte, lag jetzt, zusammengequetscht, verstaubt hinterm Ofen. Es war nicht mehr erneuert worden.

Der grosse Thienwiebel hatte nicht so ganz Unrecht: Die ganze Wirthschaft bei ihm 'zu

Hause war der Spiegel und die abgekürzte
Chronik des Zeitalters.

VII

Zwölf! . . .

Erschöpft hatte sie sich wieder auf ihrem
Fussbänkchen zurücksinken lassen. Der Ofen
hinter ihr war eiskalt. Durch ihre Nachtjacke
durch fühlte sie deutlich seine Kacheln. Sie
fröstelte!

Die letzten Töne draussen brummten und
zitterten noch, das kleine Talglicht, das in eine
leere, grüne Bierflasche gesteckt dicht vor ihr
auf dem umgekippten Kistchen mitten zwischen
dem Nähzeug stand, knitterte in der Kälte.

Frau Wachtel nebenan schnarchte, der
kleine Fortinbras hatte sich drüben in seinem
Korb wieder unruhig auf die andere Seite gewälzt. Sein Athem ging rasselnd, stossweis,
als ob etwas in ihm zerbrochen war.

Draussen auf das Fensterblech war eben
wieder ein Eiszapfen geprasselt. Dicht davor,
unterm Bett, jetzt deutlich das scharfe Nagen
einer Maus.

Zwölf!

Sie hatte ihr Nähzeug wieder fallen lassen. Ihre Finger waren krumm zusammengezogen, sie konnte sie kaum noch aufkriegen. Um die Nägel herum waren sie blau angelaufen. Sie hauchte jetzt in sie hinein. Ihr Athem brodelte sich staubgrau um das kleine, zitternde Flämmchen. Eine verspätete Fliege, die dicht neben dem schwarzen Docht in den kleinen, runden Talgkessel drunter gefallen war, verkohlte langsam. Ab und zu knisterte es .

   .   .   .   .   .

  . . . .

„Halt' ihn! Halt' ihn! Hülfe!! Hülfe!!"
Erschreckt war sie zusammengefahren.

Sie sah jetzt auf. Ihr schlaffes, weisses Gesicht war noch stupider geworden.

„Hierher! Hierher! Hülfe!!"

Der gelbe Lichtklex vor ihr liess jetzt das Zimmer dahinter noch dunkler erscheinen. Nur vom Fenster her durch das eckige Loch in der Bettdecke, von draussen, das matte Schneelicht.

„Hülfe! Hülfe!!"

Sie war aufgesprungen und an's Fenster gestürzt. Das kleine Talglicht hinter ihr war

erloschen. Es war umgekippt und lag jetzt
unter dem Nähzeug.

„Wächter!! Wächter!! Halt' ihn!! Jonas!
Jonas!!"

An allen Gliedern bebend hatte sie jetzt
die alte Bettdecke in die Höhe gerafft und
suchte nun durch die wirbelnden Schneeflocken
draussen unten auf die Strasse zu sehen. Ihre
Zähne klapperten vor Frost, die Scheere, die
sie noch fest in der Hand hielt, klirrte im Takt
gegen die Scheibe.

Ein paar Dachgiebel hoben sich bleigrau
drüben aus der Dunkelheit ab. Irgendwo in
einem Fenster flimmerte noch ein Licht.

„Hurrah! Papa Svendsen!! Moi'n, oller
Junge! Prost Neujahr!!"

Sie athmete auf. Es hatte laut gelacht.
Jetzt: eine barsche Stimme, ein Stock, der
schnell noch eine Jalousie runterrasselte, die
ganze Gesellschaft war wieder um die Ecke.

Eine kleine Weile noch horchte sie.

Ab und zu von den Dächern, polternd, der
Schnee, in der Ferne, leise, ein Schlitten-
glöckchen.

Sie hatte die Decke wieder fallen lassen. —

Einen Augenblick lang stand sie da! Das
ganze Zimmer war jetzt schwarz. Nur hinter
ihr, matt durch die Decke, das Schneelicht.

Sie tappte sich auf den Tisch zu.

Gegen die Kante stiess sie. Ein Fläschchen
war umgeklirrt, es roch nach Spiritus. Das
Zündholzschächtelchen hatte jetzt geraschelt,
es flackerte auf! Sie leuchtete über den Tisch
hin. Der schmale Goldrand um die kleine
Photographie glitzerte. Die Nachtlampe stand
auf dem alten, aufgeklappten Buch mitten
zwischen dem Geschirr.

Jetzt ein leises Sprüh'n und Knistern, der
Docht hatte gefangen. Ueber ihr, gross an
der Decke, ihr Schatten.

Frau Wachtel nebenan schnarchte, der kleine
Fortinbras stöhnte.

Sie hatte sich jetzt auf den Bettrand gesetzt. Die beiden Zipfel des Kopfkissens, das
sie um ihre Schultern gepackt hatte, drückte
sie vorn mit ihrem Kinn fest gegen ihre Brust
zusammen. Ihre Arme hatten sich gegen ihren
Leib gekrampft, ihre hochgezogenen Knie
waren eng aneinander gepresst. Sie zitterte
über den ganzen Körper! Ihr Gesicht hatte

sich verzerrt, stumpf stierte sie vor sich hin.
Die Scheere, die ihr vorhin vom Tisch runter-
gekippt war, lag unten vor ihr auf den grauen
Dielen. Sie flinkerte.

Das Lämpchen auf dem Tisch hatte jetzt
leise zu zittern angefangen, die hellen, lang-
gezognen Kringel, die sein Wasser oben quer
über die Decke und ein Stück Tapete weg
gelegt hatte, schaukelten. Das Geschirr um
das Glas hob sich schwarz aus ihnen ab.
Die Kaffeekanne reichte quer bis über die
Decke.

„Brrr . . . . Ae!"

Ihre Pantoffeln waren jetzt unter den Tisch
geflogen, sie hatte sich hastig unter das Deckbett gekuschelt.

Die weissen Lichtringe oben flutheten und
flutheten, das Oel auf dem Tisch knatterte
leise, ein kleines Fünkchen war eben von
seinem Docht abgespritzt und schwamm nun
schwarz in der dicken, goldgelben Masse.

Unter dem Deckbett drüben lag es jetzt
wie ein Klumpen. An einer Stelle sah noch
ihr Unterrock vor .   . . . .

„Still, Hund! . . . Ac!!"

Er hatte sich jetzt seinen alten Cylinder,
auf dem noch der dicke Schnee lag, vom Kopf
gerissen und feuerte ihn nun wüthend drüben
in die dunkle, schreiende Ecke, wo der Korb
stand. Die Thür hinter ihm war dröhnend in's
Schloss gekracht.

„Niels!!"

Das Deckbett, das jetzt quer auf den Dielen
lag, hatte zur Hälfte den Stuhl mitgerissen.
Sie kniete nun aufrecht mitten im Bett. Ihre
Nachtjacke vorn hatte sich ihr bis oben unter
die Arme verschoben, ihr Haar hing in Strähnen
um ihr Gesicht.

„Halt's Maul! Fang' nicht auch noch an!"

Er hatte sich jetzt auch seinen alten, abgeschabten Rock runtergezerrt. Das kleine
Spiegelchen über der Commode, gegen das er
ihn geschleudert hatte, war runtergeschurrt
und lag nun zersplittert auf dem blinkernden
Wachstuch.

„Na, wird's bald?!"

Der kleine Fortinbras jappte nur noch.

„Na?! . . . Dein Glück, Canaille! . . ."

Seine Stiefeln waren jetzt dumpf gegen die

kleine Kiste neben dem Ofen gebullert. Der aufgeschlammte Schnee dran war nass gegen die Kacheln geplatscht. Er suchte jetzt nach den Pantoffeln.

„Ach was! Halt' Dein Maul, sag' ich! . . . Die Ohren vollplärren . . . Könnte mir noch grade passen! . . . Sind die Sachen gepackt?!"

Das Schnarchen nebenan hatte aufgehört. Es schubberte jetzt deutlich gegen die Thür.

„Ob Du gepackt hast?!"

„Nein, Niels . . . ich . . ."

Sie stotterte!

„Natürlich! Man hat ja mal wieder zur Abwechslung die Schwindsucht! . . . Bitte, geniren Sie sich nicht, Frau Wachtel! Treten Sie näher! Heute geht's ja woll noch!"

Sein Schatten, der bis dahin kreuz und quer über die Wand und oben über die weisse Decke geschossen war, war jetzt verschwunden. Er hatte sich unter den Tisch gebückt.

Vom Bett her hatte es eben laut zu husten angefangen.

„Ach, Du mein lieber Gott! . . . Ach Gott! Ach Gott! Die arme Frau!"

Sie hatte jetzt ihr Gesicht in das Kissen gepresst und weinte.

„Nu ja! Nu ja! Nu heul' doch noch'n bisschen! Das ist ja Deine Force! Weiter kannste ja woll nischt!"

Er war eben in die Pantoffeln gefahren und suchte nun auf dem Tisch herum. Ein Messer klapperte gegen die Kochmaschine, eine Tasse war umgekippt.

„Natürlich! Keen Fippschen mehr! Für Deine Schwindsucht hast Du ja noch'n janz juten Appetit! . . Herrlich! Das thut immer, als ob es Poten saugt und frisst ein'm die Haare vom Kopp' runter!"

Er hatte sich seine Fäuste in die Hosentaschen gestopft und schnaubte nun im Zimmer auf und ab.

„So'ne Zucht! So eine — Zucht!!"

Er hatte jetzt mit dem Fuss in die kleine, hohle Kiste mit dem Nähzeug gestossen. Die Flasche war auf den Boden geschlagen, das Licht bis unter's Bett gekullert.

„Lächerlich!"

Er hatte jetzt auch noch die Flasche druntergestossen.

„Lächerlich!! . . . Wirst Du still sein?!!"

Der kleine Fortinbras hatte wieder laut zu schreien angefangen.

„Bestie!"

Mit einem Satz war er jetzt auf den Korb zu.

„Bestie!!"

Das Geschrei war wieder wie abgeschnitten.

„Alberne Komödie!"

Er hatte sich jetzt wieder nach dem Bett zu gedreht. Seine Fäuste waren geballt. Unter seinen Kissen hervor hatte es deutlich geschluchzt.

„Alte Heulsuse!"

Die beiden dicken Falten um seine Nase waren jetzt noch tiefer geworden, zwischen seinen verzerrten Lippen blitzten seine breiten Zähne auf.

„Ae!!"

Ueber seinen Rücken war ein Frösteln gelaufen.

„So'ne Kälte!"

Er rückte sich jetzt geräuschvoll den Stuhl zurecht.

„So'ne Kälte!! Nich mal'n paar lump'je Kohlen hat das! So'ne Wirthschaft!"

6

Seine Socken hatte er jetzt runtergestreift. der eine war mitten auf den Tisch unter das Geschirr geflogen.

„Na?! Willste so gut sein?!"

Sie drückte sich noch weiter gegen die Wand.

„Na! Endlich!"

Er war jetzt zu ihr unter die Decke gekrochen. Die Unterhosen hatte er anbehalten.

„Nich mal Platz genug zum Schlafen hat man!"

Er reckte und dehnte sich.

„So'n Hundeleben! Nich mal schlafen kann man!"

Er hatte sich jetzt wieder auf die andre Seite gewälzt. Die Decke von ihrer Schulter hatte er mit sich gedreht, sie lag jetzt fast bloss da   .

.   .   .

.   .   .   .

Das Nachtlämpchen auf dem Tisch hatte jetzt zu zittern aufgehört.

Die beschlagene, blaue Karaffe davor war von unzähligen Lichtpünktchen wie übersät. Eine Seite aus dem Buch hatte sich schräg gegen das Glas aufgeblättert. Mitten auf dem vergilbten Papier hob sich deutlich die fette Schrift ab: „Ein Sommernachtstraum". Hinten auf die Wand, über's Sopha weg, warf die kleine, glitzernde Photographie ihren schwarzen, rechteckigen Schatten.

Der kleine Fortinbras röchelte, nebenan hatte es wieder zu schnarchen angefangen.

„So'n Leben! So'n Leben!"

Er hatte sich eben wieder zu ihr gedreht. Seine Stimme klang jetzt weich, weinerlich.

„Du sagst ja gar nichts!"

Sie schluchzte nur wieder.

„Ach Gott, ja! So'n . . Ae!! . ."

Er hatte sich jetzt noch mehr auf die Kante zu gerückt.

„Is ja noch Platz da! Was drückste Dich denn so an die Wand! Hast Du ja gar nich nöthig!"

Sie schüttelte sich. Ein fader Schnapsgeruch hatte sich jetzt über das ganze Bett hin verbreitet.

„So ein Leben! Man hat's wirklich weit gebracht! . . . Nu sich noch von so'ner alten Hexe rausschmeissen lassen! Reizend!! Na, was macht man nu? Liegt man morgen auf der Strasse! . . . Nu sag' doch?"

Sie hatte sich jetzt noch fester gegen die Wand gedrückt. Ihr Schluchzen hatte aufgehört, sie drehte ihm den Rücken zu.

„Ich weiss ja! Du bist ja am Ende auch nicht Schuld dran! Nu sag' doch!"

Er war jetzt wieder auf sie zugerückt.

„Nu sag' doch! . . . Man kann doch nicht so — verhungern?!"

Er lag jetzt dicht hinter ihr.

„Ich kann ja auch nicht dafür! . . . Ich bin ja gar nicht so! Is auch wahr! Man wird ganz zum Vieh bei solchem Leben! . . . Du schläfst doch nicht schon?"

Sie hustete.

„Ach Gott, ja! Und nu bist Du auch noch so krank! Und das Kind! Dies viele Nähen . . . Aber Du schonst Dich ja auch gar nicht . ich sag's ja!"

Sie hatte wieder zu schluchzen angefangen.

„Du — hättest — doch lieber, — Niels . . ."

„Ja . . . ja! Ich seh's ja jetzt ein! Ich hätt's annehmen sollen! Ich hätt' ja später immer noch . . . ich seh's ja ein! Es war un-

überlegt! Ich hätte zugreifen sollen! Aber
— nu sag doch!!"

„Hast Du ihn — denn nicht . . . denn nicht
— wenigstens zu — Haus getroffen?"

„Ach Gott, ja, aber . . . aber, Du weisst ja!
Er hat ja auch nichts! Was macht man nu
blos? Man kann sich doch nicht das Leben
nehmen?!"

Er hatte jetzt ebenfalls zu weinen angefangen.

„Ach Gott! Ach Gott!!"

Sein Gesicht lag jetzt mitten auf ihrer Brust.
Sie zuckte!

„Ach Gott! Ach Gott!!"

Der dunkle Rand des Glases oben quer
über der Decke hatte wieder unruhig zu zittern
begonnen, die Schatten, die das Geschirr warf,
schwankten, dazwischen glitzerten die Wasser-
streifen .   .   .

.   .   .   .

„Ach, nich doch, Niels! Nich doch! Das
Kind — ist ja schon wieder auf! Das — Kind
schreit ja! Das — Kind, Niels! . . . Geh doch
mal hin! Um Gotteswillen!!"

Ihre Ellbogen hinten hatte sie jetzt fest in

die Kissen gestemmt, ihre Nachtjacke vorn
stand jetzt weit auf.

Durch das dumpfe Gegurgel drüben war
es jetzt wie ein dünnes, heis'res Gebell gebrochen. Aus den Lappen her wühlte es, der
ganze Korb war in ein Knacken gerathen.

„Sieh' doch mal nach!!"

„Natürlich! Das hat auch grade noch ge-
fehlt! Wenn das Balg doch der Deuwel
holte! . . ."

Er war jetzt wieder in die Pantoffeln gefahren.

„Nicht mal die Nacht mehr hat man Ruhe!
Nicht mal die Nacht mehr!!"

Das Geschirr auf dem Tisch hatte wieder
zu klirren begonnen, die Schatten oben über
die Wand hin schaukelten. —

„Na? Du!! Was giebt's denn nu schon
wieder? Na? . . . Wo is er denn?
Ae, Schweinerei!"

Er hatte den Lutschpfropfen jetzt gefunden und wischte ihn sich nun an den Unterhosen ab.

„So'ne Kälte! Na? Wird's nu bald? Na?
Nimm's doch, Kameel! Nimm's doch! Na?!"

Der kleine Fortinbras jappte!

Sein Köpfchen hatte sich ihm hinten in's Genick gekrampft, er bohrte es jetzt verzweifelt nach allen Seiten.

„Na? Willst Du nu, oder nich?! — — Bestie!!"

„Aber — Niels! Um Gotteswillen! Er hat ja wieder den -- Anfall!"

„Ach was! Anfall! — — Da! Friss!!"

„Herrgott, Niels . . ."

„Friss!!!"

„Niels!"

„Na? Bist Du — nu still? Na? — Bist Du — nu still? Na?! Na?!"

„Ach Gott! Ach Gott, Niels, was, was --- machst Du denn blos?! Er, er — schreit ja gar nicht mehr! Er . . . Niels!!"

Sie war unwillkürlich zurückgeprallt. Seine ganze Gestalt war vornüber geduckt, seine knackenden Finger hatten sich krumm in den Korbrand gekrallt. Er stierte sie an. Sein Gesicht war jetzt aschfahl.

„Die . . . L — ampe! Die . . . L — ampe! Die . . . L — ampe!"

„Niels!!!"

Sie war rücklings vor ihm gegen die Wand getaumelt.

„Still! Still!! K — lopft da nicht wer?"

Ihre beiden Hände hinten hatten sich platt über die Tapete gespreizt, ihre Kniee schlotterten.

„K — lopft da nicht wer?"

Er hatte sich jetzt noch tiefer geduckt. Sein Schatten über ihm pendelte, seine Augen sahen jetzt plötzlich weiss aus.

Eine Diele knackte, das Oel knisterte, draussen auf die Dachrinne tropfte das Thauwetter.

Tipp . . .   .

. . . .   Tipp . .   . .

. . . . .   Tipp .   . . .

. .   . . Tipp .

Acht Tage später balancirte der kleine, buckelige Bäckerjunge Tille Topperholt seinen Semmelkorb pfeifend durch das dunkle, dickverschneite Severingässchen nach dem Hafen runter. Die Witterung hatte wieder umgeschlagen, seine kleine Stuppsnase sah zum Erbarmen blau aus.

„Heil Dir, Svea! Mutter für uns alle!"

Es hatte gerade fünf geschlagen. Vor dem neuen, grossen Schnapsladen an der Ecke der Petrikirche stolperte er. Jesus! Seine Semmeln waren ihm in den Rinnstein geflogen, er war mitten in den Schnee geschlagen. Aber er nahm sich nicht einmal die Zeit, sie wieder aufzulesen. Er kam erst wieder zur Besinnung, als er sich bereits drüben am Jakobiplatz mit beiden Händen an die grosse, dick beeiste Glocke gehängt hatte, die denn auch sofort oben die ganze Polizeiwache alarmirte. Jesus! Jesus!! .

Als der dicke Sieversen dann endlich angestapft kam, constatirte er, dass der Mann erfroren war. „Erfroren durch Suff!" Seinen zerbeulten Cylinder hatte ihm der kleine, buckelige Tille vorhin grade gegen die Laterne gequetscht. Aus seinen zerlumpten, apfelgrünen Frackschössen sah noch die Flasche.

Wohlan! Eine pathetische Rede!

Es war der grosse Thienwiebel.

Und seine Seele? Seine Seele, die ein un-
sterblich Ding war?

Lirum, Larum! Das Leben ist brutal, Amalie!
Verlass Dich drauf! Aber — es war ja alles
egal! So oder so!

DER ERSTE SCHULTAG.

I.

Der Herr Rector Borchert sass auf seinem Katheder und ging die eingelaufenen Briefe durch. Es waren wieder drei Stück. Der erste war auf grobem, grauem Armeleutspapier geschrieben und kaum zu entziffern.

Er lautete:

„Herr Borchert

Ich mus ser bedauern das ich Ihnen mit meine wenigkeit belästigen mus da sie mein 6 Jähries Mendchen so gebrigelhaben das nach drei Tage noch braun un blau aus sa da ich mich genöthich finde andre wege zu suchn denn das kann mol ein jeder drum bezale ich mein Schulgelt nich das is nu

zu zweiten mal das das Kind zu Hause
komt one ein Knopff an das kleid zu habn
das andre Kindr ihr die sticken nachbringen

Frau Gorges."

Herr Borchert hatte das Schreiben wieder
sorgfältig zusammengefaltet und steckte es jetzt
vorsichtig in sein Couvert zurück.

No. 167!

Mit Blaustift! Das hob sich so besser ab
und war übersichtlicher . . .

An der Sieben besserte er noch ein klein
wenig nach. Der Haken hinten schien ihm
noch nicht schwungvoll genug. So!

Der gehörte in die Schublade rechts. Die
Schublade links war für die „Knubbels" re-
servirt. —

Neben ihm stand eine Tasse Kaffee. Er
nahm jetzt einen kleinen, behaglichen Schluck
draus und ritzte dann auch den zweiten Brief auf.

Dieser war womöglich noch undeutlicher
geschrieben und nicht einmal frankirt gewesen.
Aber das that nichts. Diese reizende, kleine
Sammlung war ja seine einzige Freude . . .

Er las:

„Herr Lehrer.

Ich bitte mein Sohn Emil zu enschulligen
weil er die Schule versäumt er hatt so
schlimme Augen da bitte ich schon ein Bischen Rücksicht zu nehmen. und mächte si
zuchleich bitten den Kindern nicht so aus-
verschämt zu hauhen des sie abgeschunden
zu hause kommen

Herzlichen Gruss

Frau Munk."

No. 203a!

Herr Borchert hatte seine kleinen, pech-
schwarzen Ferkeläugelchen prüfend dem in-
teressanten Document genähert.

Gelbes Conceptpapier und die Linien drauf
mit dem stumpfen Ende einer Scheere gezogen.

No. 203a!

Das Blau drauf nahm sich sehr schön aus.
Nur den Fettfleck! Den Fettfleck hier links
neben der Unterschrift hätte sich die gute Frau
Munk sparen können!

Er hatte sich jetzt hinten sein grosses, rotbaumwollnes Taschentuch aus der Rocktasche gezogen und schnäuzte sich.

Dagegen! Dieses dritte Ding! Wie manierlich! Die Linien auf dem blassrosa Couvert waren augenscheinlich zuerst mit Bleistift gezogen und dann sorgfältig ausradirt. Ausserdem wies auch die Rückseite noch ein Siegel auf, zu dessen Petschaft ein Zwölfschillingsstück gedient hatte. Es sah ordentlich wohlhabend aus!

Das zierliche Briefchen lautete:

„Sehr geehrter Herr Borchert!

Ich frage gehorsamst an warum Sie mein Kind am 31. dieses Monatts das Gesicht blau geschlagen haben, oder ob Sie überhaupt das Recht dazu haben, ein Kind so zu schlagen dass es im Gesicht blau ist, denn wenn das Kind würde am Gehör davon leiden, was leicht möglich sein kann, würden und könnten Sie Ihn die Gesundheit wieder schaffen? Geehrter Herr Sie wissen vielleicht nicht wie sauer einem die Kinder werden, Ich habe mein Gott gedanckt dass ich gesunde Kinder habe und nun bin ich nich willens; dass ich, Meine Kinder von Ihn ungesund schlagen lasse, also ich bitte Sie dass nich noch einmal zu riskiren sonst konnte es etwas darauff folgen.

Hochachtungsvoll

Frau Kuhlmann

Georgenstrasse 19."

Herr Borchert lächelte.

Nummero Zweihundert und vier!

Wenn er sich nicht irrte, war diese liebenswürdige Frau Kuhlmann schon seit circa einem Vierteljahr Wittwe. Herr Kuhlmann musste ihr so eine Art Seifenladen hinterlassen haben. Hm . . .

Was nun?

Er gähnte. Ein Riss oben, mitten in der weissen Decke, interessirte ihn lebhaft.

Eine kleine Weile verging.

Ein dicker, blauer Brummer stiess mit seinem Schädel fortwährend gegen das Fenster und summte.

Sssss . . . ssss . . . sss . . .

Ah! Richtig! . . . Die Noten! Er wollte ja heute noch Notenlinien ziehen.

Bon!

Er entkorkte das Tintfass. Die dicke, dumme

7

musca domestica hatte aufgehört gegen die
Scheibe zu stossen, seine Feder pflügte regelmässig über das Papier . . .

In der Klasse war es ganz still. Die Vor-
mittagssonne, die durch alle drei Fenster zugleich schien, füllte den ganzen Raum. Er
war viereckig und mit einer sehr hässlichen,
blauen Wasserfarbe angemalt.

Kein Kind rührte sich!

Sie hatten alle ihre kleinen, dicken Händchen
fest zusammengefaltet und nun vollauf damit
zu thun, ihren Athem möglichst regelmässig
durch ihre kleinen, kreisrunden Naslöcherchen
zu blasen. Sie brauchten dabei zugleich nicht
so den fremden, aus Lack und Schulstaub ge-
mischten Geruch in sich einzuziehen, der in
dem ganzen Zimmer die einzige Luft war!

Ihre kleinen, kirschrothen Mäulerchen dabei
aufzusperren, trauten sie sich nicht. Der Herr
Rector Borchert, der vorn vor der grossen,
schwarzen Tafel hinter dem grauenhaften, gelben
Holzgestell wie ein alter hungriger Rabe da-
sass, der auf ein Stück Fleisch lauerte, be-

obachtete sie zu scharf. Es war wirklich schrecklich! Namentlich wenn man so dumm war und vorn auf der ersten Bank sass . .

Die Fliegen, die ihnen über die Nasen liefen, hatten gut beissen. Sie zwinkerten nicht einmal mit den Augen. Der Herr Rector Borchert hatte es ihnen streng verboten. Sie sollten sie nur alle still in die Tintfässer vor sich stecken und ihn nicht so anglupen. Sonst gab's was mit seinem Fuchsschwanz! Oh!!

Natürlich thaten die kleinen Würmerchen das auch und sahen alle sehr ernsthaft aus. Nur schrecklich roth waren sie dabei.

Ja! Es war ganz still in der Classe . . .

— — — —

Draussen hinter dem grossen, runden Kastanienbaum, der mit seinen schönen, bunten Blüthen in einem fort gegen das dritte Fenster schlug, funkelte eine Thurmspitze in den Himmel. Sonst sah man weiter nichts.

Nur drüben, auf der anderen Seite des Marktes, die alte Rathhausuhr, die auf ihrem schrägen, lichtblauen Schieferdach wie ein runder, weisser Klex lag.

7*

Die kleine, schwarze Luke drunter war
heute mit dem grossen, goldnen Spicker drüben,
der sich aber auf der Wetterseite bereits dick
mit Grünspan überzogen hatte, durch ein Seil
verbunden. Dieses Seil war dick mit Kreide
beschmiert und zerschnitt den Himmel in zwei
grosse, dunkelblaue Hälften. Denn es war
heute Jahrmarkt im Städtchen!

Ari-ben-Aribell, der grösste Seilkünstler
beider Welten, wollte dort unter hohem Permiss
eines gestrengen Herrn Bürgermeisters einem
geneigten Publico mit seinen halsbrecherischen
Productionen aufwarten. Auf dem grossen,
zeisiggrünen Plakat, das der dicke Metzelthien
schon am vergangenen Sonnabend unten an
die Rathhausthür geklebt hatte, war das alles
auf's Schönste abgemalt gewesen.

Die „Knubbels" wussten das.

Ihre kleinen, verstockten Herzen schlugen,
wenn sie daran dachten.

Jeden Augenblick konnte jetzt dieser schreckliche Ari-ben-Aribell seinen Kopf, der ganz
roth und weiss war und grade wie bei einem
Teufel aussah, drüben aus dem Rathhausdach

stecken und dann mit seinen merkwürdigen, grossen, kirschrothen Strümpfen, die ihm hinten bis an den Popo gingen, mitten durch den Himmel bis hoch oben grade auf die Kirchthurmspitze klettern! Dort sollte er sich dann mitten auf die grosse, goldne Kugel stellen und einen wirklichen, schneeweissen Vogel in die Luft werfen! Eine Taube, oder einen Lämmergeier! Diese Taube oder dieser Lämmergeier flog dann dreimal rund um die ganze Stadt rum und setzte sich dann zuletzt wieder auf seine goldpapierne Mütze zurück!

Kotel Thiem, der aber ganz und gar bucklig war und dabei mit seinem Finger in das Plakat noch ein grosses, rundes Loch gebohrt hatte, Kotel Thiem hatte sogar erzählt, dass er zuletzt auch noch aus einem grossen, unsichtbaren Sack allerlei Raritäten — Zuckerkringel, Knackmandeln und Apfelsinen! unten unter die „Pudels" werfen würde!

Die „Pudels" waren die Strassenjungens.

Ja! Die! Die!

Zuckerkringel, Knackmandeln und Apfelsinen! Und nun musste man hier still in der Rectorschule sitzen und seine Augen in die

dummen. langweiligen, schwarzen Tintfässer
stecken.

Es war wirklich zu schrecklich!

Die Sonne, die bis jetzt nur über die Wand
und die vielen, kleinen, grünen Mützen dran
gestrichen war, hatte sich endlich auch an das
Katheder herangewagt und fing nun an, dem
Herrn Rector Borchert die Fäden an seinem
schwarzen Rockärmel nachzuzählen.

Seine Notenfeder hatte er wieder wegge-
legt. Er puhlte sich jetzt mit seinem Federmesserchen die Nägel aus.

Vor ihm stand ein grosses, viereckiges Ding,
in dem lauter rothe, kupferne Drähte aufgespannt
waren, auf die man wieder sehr, sehr viele bunte
Kugeln gespickt hatte. Das war die Rechenmaschine. Wenn der Herr Rector Borchert
wollte, konnte er sie stellen, wie er Lust hatte.
Aber er hatte heute keine. Er puhlte sich nur die
Nägel aus . . .

Plötzlich sah der Herr Rector Borchert
auf! Neben der Thür hatte eben eine Bank
geknarrt. Die „Knubbels" hatten sich alle un-

willkürlich tiefer geduckt. Seine kleinen, zu-
gekniffenen Ferkeläugelchen sahen jetzt grün
aus. Der kleine Jonathan, der ihn die ganze
Zeit über angeschult hatte, steckte seine grossen,
blauen Jungensaugen wieder schnell in sein
Tintfass.

Ari - ben - Aribell hätte jetzt getrost aus
seiner Dachluke klettern können. Nicht um
alle Zuckerbrätzel der Welt hätte der kleine
Jonathan nach ihm hinschmustern mögen.

Aber er hätte es ruhig thun können! Der
Herr Rector Borchert hatte sich schon längst
wieder beruhigt. Die Sache war eben, dass
das „Schweinzeug" vor ihm Respect hatte.
Und das „Schweinzeug" hatte Respect vor ihm.
Den Teufel auch!

Das „Schweinzeug" war seine Classe. Sie
anders zu tituliren, war ihm noch nicht ein-
gefallen. Die einzelnen Individuen hiessen
„Knubbels".

Ja! Es war alles wieder ganz still. Nur die
Fliege, die wieder summte und das dunkle,
dumpfe Gebrande, das unten vom Markt her
an die hohen, festen Doppelfenster schlug. Ab
und zu eine Knubbelnase, die schnurchelte.

Der kleine Jonathan sass da wie todt.

Seit heute Morgen hatte er vor dem Herrn Rector Borchert einen furchtbaren Respect bekommen. Kotel Thiem war nicht halb so schlimm! Schon sein Gesicht war so grässlich! Er sah es überall!

Draussen auf dem grossen, runden Kastanienbaum, der mit seinen Blüthen gradezu wie ein Weihnachtsbaum aussah, musste es jetzt grade oben auf der Spitze rumtanzen.

Wipp-wapp-wipp-wapp-wipp-wapp- immerzu, immerzu!

Auch jetzt, aus dem hässlichen, schwarzen Tintfass schwamm es in die Höhe!

Der kleine Jonathan sah es ganz genau.

Es war weiss und dick, wie aus Mehlkleister gemacht und hatte als Augen zwei kleine, funkelnde Rosinen drin. Dabei hatten sich seine Haare wie solche Schweinsborsten in die Höhe gesträubt und waren knallroth. Ausserdem hatten ihm auch die Sommersprossen die ganze, dicke Nase noch mit gelben Pickeln betupft. Sicher, er sah noch scheusslicher aus, als der Schornsteinfeger Killkant!

Der kleine Jonathan war trostlos.

Nein! Lieber machte er seine Augen schon
fest zu. —

Oh! Heute Morgen!

Er hatte sich so gefreut! So zum ersten
Male in die Schule gehn zu dürfen und dort
so klug zu werden, dass man zuletzt ein Geo-
graphiebuch hatte und Afrika draus lernte,
gewiss, das war zu schön! Zu schön!

Seine neue, rothliniirte Schiefertafel war so
hübsch rein abgewischt gewesen, seine Fibel
in solch einen dicken, blauen Umschlag gehängt und sein Federkasten, der ganz mit Ab-
ziehbildern beklebt war, voll lauter Steingriffel.

Kaffee hatte er schon gar nicht mehr getrunken. Er hatte nur immer am Fenster gestanden und an dem schönen, bunten Blumen-
strauss gerochen, den er dem Herrn Rector
auf das grosse Klassenbuch legen sollte.

Gewiss! Er wollte nur noch immer in die
Schule gehn! Nur noch immer in die Schule
und dort so klug wie Papa werden!

Ach! Dass das so schwer war, hatte er
nie gedacht!

So drei ganze, ausgeschlagene Stunden auf
ein und derselben dummen Bank sitzen und
dabei immer in ein und dasselbe dumme Tintfass sehen müssen, war keine Kleinigkeit. Ja!
Es war sogar eine Gemeinheit! Eine richtige
Gemeinheit! Man durfte nicht einmal husten!

Und dann — der schöne, schöne bunte
Strauss! Das alte Pferd hatte ihn genommen
und zum Fenster rausgeworfen!

Dummheit! hatte es gesagt, Dummheit!
Blumen stinken!

Pfui!

Und dabei hatte doch Mama sie gepflückt,
und das blaue Band drum hatte Mama auch
gebunden und Mama hatte sich so gefreut und
Mama war so gut und . . . Nein! Es war zu
gemein! Zu gemein!

Der kleine Jonathan war in Thränen aus-
gebrochen. — —

Der kleine Bäckermeister Trimpeter, der
dicht neben ihm sass und gerne mal rausge-
gangen wäre, nahm die Gelegenheit wahr, und
weinte gleich mit.

Hinter ihm sass der kleine Lewin.

Ihm war eben eine Fliege in's Genick gekrochen und dann so lange auf ihm rumge-
tappelt, bis sie ihm jetzt richtig mitten vorn
auf dem Bauch sass.

Er hätte es natürlich am liebsten ebenso
gemacht wie der dicke Apothekerjunge. Aber
der schauderhaft dicke Fuchsschwanz, den der
Herr Rector Borchert vorn unter seinen Rock
geknöpft trug, hatte ihm einen zu gewaltigen
Respect eingejagt. Er begnügte sich damit, die
grauenhaftesten Gesichter zu schneiden.

Der kleine Conditor Knorr, der kleine
Steuereinnehmer Zippe und der kleine Schiffszimmermeister Bohl waren nicht halb so stand-
haft. Es war, als ob sie alle nur gewartet
hätten, dass einer damit anfing. Sie weinten
jetzt, dass ihnen die Thränen nur so von den
Backen runtertropften. Es war die reine Meu-
terei!

Mit einem Ruck war jetzt der Herr Rector
Borchert aufgesprungen und hatte seinen Fuchsschwanz gezückt. Die Rechenmaschine war

quer über die schwarze Kathederplatte geschlagen, das kleine Federmesserchen lag unten
neben dem eisernen Spucknapf auf der sandigen
Diele.

Das „Schweinzeug" wollte ihn wohl zum
Besten haben?! Das „Schweinzeug" wollte wohl
Eins mit seinem Fuchsschwanz haben?! Das
„Schweinzeug" war wohl verrückt geworden?!
Er schnaubte!

Das „Schweinzeug" war wieder ganz muck-
chenstill geworden. Nur der Kastanienbaum
draussen, der seine scharfgeränderten Zacken
über die Bänke zittern liess, und die Sonne,
die dazwischen glitzerte.

Der gräuliche Fuchsschwanz, mit dem, der
schreckliche Mensch dort oben auf seinen gelben
Tisch geschlagen hatte, hatte alle Thränen,
die das „Schweinzeug" noch vergiessen wollte,
mausetodt gemacht. Die kleinen Sträflinge
sassen jetzt wieder alle da, wie schlecht ange-
malte Holzpuppen. Bloss ihre Gesichter waren
noch röther geworden, und ihre Augen, statt
in die Tintfässer, alle auf den fürchterlichen
Fuchsschwanz gerichtet!

Ari-ben-Aribell, der grösste Seilkünstler
beider Welten, der drüben unter seinem Rath-
hausdache auf diesen Moment nur gewartet
zu haben schien, war hinterlistig genug, grade
jetzt seinen grässlichen Hampelmannskopf aus
seiner Luke zu stecken.

Seine grosse, goldpapierne Mütze reichte
mit ihrer Spitze bis grade oben in's Zifferblatt.
Er hatte sich seine Backen mit Mehl eingerieben und seine Nase mit Zinnober bepinselt.
Um seinen Leib hatte er eine dicke Badehose
aus Sammet an, die ganz kohlschwarz und
mit kleinen, silbernen Flinkern bestickt war.

Nachdem er sich vor dem vor Erwartung
lautlosen Publico unten dreimal verbeugt und
zwischendurch seine lange, goldgelbe Balancirstange eben so viele Male hoch in die Luft
über sich gewirbelt hatte, setzte er jetzt seinen
linken, zierlichen Schuh vorsichtig auf das
straffe, weisse Seil und war bereits bis auf die
Mitte desselben getänzelt, noch ehe die verblüfften Bauern unten Zeit gefunden hatten,
ihre Mäuler aufzusperren.

Kein „Knubbel" ahnte etwas!

Die Katastrophe draussen hatte sich vollzogen, ohne dass sie auch nur an sie gedacht hatten.

Die wirklichen schneeweissen Tauben und Lämmergeier waren jetzt alle vergessen. Nur der Fuchsschwanz existirte noch. Nur der Fuchsschwanz! Ihre grossen, erschreckten Augen hatten sie alle sperrangelweit aufgerissen.

Nur der kleine Lewin nicht! Er hatte eben mit Schrecken gespürt,, wie die schändliche Fliege ihm grade den Bauch in die Höhe kroch und an seinem Nabel Halt machte.

Ihr .... Uaaah!

Er brach jetzt, um nicht wie die andern vorhin zu weinen und so den Herrn Rector Borchert noch mehr zu erzürnen, in ein grässliches Lachen aus.

Der kleine Jonathan wurde weiss wie Kreide. Gewiss! Jetzt schlug er ihn todt!! Er mochte gar nicht hinsehn.

Aber er hätte ruhig hinsehn können!

Der Herr Rector Borchert schlug den frechen Judenlümmel nicht todt. Dem Herrn Rector Borchert fiel das gar nicht ein. Der

Herr Rector Borchert betrieb sein Handwerk weit gründlicher. Er hatte sein System. Und von diesem System wich er nie ab. Der Fuchsschwanz war nur sein Schreckmittel. Sein Züchtigungsmittel, sein eigentliches Züchtigungsmittel, war sein Siegelring.

Entschieden! Man musste Grundsätze haben. Man musste sich z. B. hüten, das „Schweinzeug" zu schlagen. Man war überhaupt gegen alles Schlagen . . . Nein! Knuffen musste man das „Schweinzeug"! Knuffen! Die Handvoll Haare, die man ihm dann noch gelegentlich ausriss, zählte nicht . .

Der kleine Lewin lachte noch immer! Aber schon so krampfhaft, dass die Augen ihm aus den Höhlen traten, und die Zähne ihm zu klappern anfingen.

Der kleine Bäckermeister Trimpeter, der jetzt an seinen schwindelnden Hoffnungen, mal rausgehn zu dürfen, vollständig verzweifelte, hatte wieder zu weinen angefangen.

„Ah! Auch gut! Auch gut!"

Der Herr Rector hatte seine dünnen Lippen

noch fester zugekniffen. Er knöpfte sich jetzt seinen Fuchsschwanz wieder vorn in die Rocktasche.

... . B . . . Blut, kalt Blut, Borchert!"

Er hatte sich jetzt wieder schwer auf seinen Rohrstuhl gesetzt. Die Sache eilte ja nicht. Die Sache . . .

Er spielte mit seinem Siegelring. Einem sehr schönen, werthvollen Exemplar mit einem sehr schönen, werthvollen Stein drin. Glaube, Liebe, Hoffnung war in seine grüne Fläche geritzt. Glaube, Liebe, Hoffnung . . .

Seine kleinen, zugedrückten Ferkelaugen schillerten jetzt in allen Farben. Seine Hände zitterten.

Es war ganz still in der Classe! Nur dieser einzige, aufrührerische, bodenlos freche Judenlümmel und dies Bäckerbalg, das ihn accompagnirte!

Er hatte sich seinen Siegelring wieder an seinen dicken Finger gesteckt und klopfte jetzt langsam mit ihm an die Seitenwand seines Katheders.

„Knubbel! Herkommen!"

Der kleine Lewin war mechanisch auf-
gestanden. Seine dünnen, wachsgelben Fingerchen hatten sich fest um die schwarze Bank
vor ihm gekrampft, seine Schultern zuckten.
Er bebte an allen Gliedern.

„Herkommen, Knubbel?!"

Die ganze Classe hatte wieder laut zu
weinen angefangen. Dies grässliche Lachen,
das er noch immer ausstiess, ging allen durch
Mark und Bein. Ari - ben - Aribell, der jetzt
grade draussen auf dem Kirchthurmknauf mitten
in dem wunderschönen Grünspanklex sass und
dort mit grossem Appetit ein lebendiges Huhn
verschlang, nachdem er sich eben erst einen
blitzblanken, ellenlangen Degen in den Leib
gestossen hatte, hatte jetzt aufgehört für sie
zu existiren. Kotel Thiem hätte jetzt lügen
können wie gedruckt. Sie hätten nicht einmal
auf ihn gehört. Nein! Nur dies Lachen! Nur
dies grässliche Lachen!

Der Herr Rector Borchert hatte sich jetzt
aufrecht auf sein Podium gestellt. Seine

Lippen waren weiss geworden. Seine kleinen,
spitzen Zähne knurrschten, als ob er an etwas
kaute.

So eine Canaille!! Solch' eine Sauzucht!
Solch' eine Sauzucht war ihm noch nicht vor-
gekommen! Und dazu noch von solch' einem
Bengel, der sich kaum die Nase schnauben
konnte! Unglaublich! Unglaublich!! Aber er
beherrschte sich noch! Er beherrschte sich
noch!

„Herkommen, Knubbel?!"

Aber der kleine Lewin hörte nichts mehr.
Er lachte nur immer und lachte und lachte . . .

Jetzt, jetzt endlich war der Geduldsfaden
des Herrn Rector Borchert mitten entzwei
gerissen! Mit einem Satz war er auf den wahn-
sinnigen Judenhund zugesprungen, hatte ihn
an seinem schmierigen Jackenkragen zu packen
gekriegt und schleifte ihn nun wuthschnaubend
auf sein Katheder.

„So ein Hund!! So ein Hund!!!"

Die „Knubbels", die wieder ganz muckchen-
still geworden waren, hatten alle unwillkürlich

ihre Augen fest zugemacht. Die ganze, grosse, rothe Stube schwamm jetzt in Blut. In Blut. Oh! ...

Da!!

Plötzlich, mitten durch all das grausenhafte Schnauben und Gurgeln vorn, hatte draussen vom Flur her deutlich ein feines, schrilles Glöckchen angeschlagen.

Kein „Knubbel", der nicht jetzt seine kleinen, rosa Oehrchen spitzte!

Das reine Christglöckchen! Es klingelte jetzt, dass es nur so eine Art hatte.

Ja! Ja! Das war der Herr Spaarmann, der liebe, gute Herr Spaarmann! Der Herr Spaarmann! Jetzt brauchten Sie nicht mehr zu sterben. Jetzt war die schreckliche, schreckliche Stunde aus. Jetzt ... Oh! Der Herr Spaarmann! Der Herr Spaarmann!

Der kleine Bäckermeister Trimpeter, dem die vielen, dicken Thränen schon unten bis unter den Hals gelaufen waren, athmete erleichtert auf. Jetzt durfte er endlich, endlich mal rausgehn ...

Der Herr Rector Borchert hatte jetzt sein neues, schönes, rothgelb lackirtes Lineal zu packen gekriegt und es mitten unter die „Knubbels" geschleudert.

„Raus! Raus!! Raus!!!"

Er kannte sich selbst nicht mehr!

Das infame, rotznasige Judenthier war schon längst neben das Katheder in den Spucknapf geflogen.

Er hatte jetzt auch die grosse, stählerne Rechenmaschine zu packen gekriegt.

„Raus! Raus!! Raus!!!"

Ah! Diese Knubbels! Diese verfluchten, vermaledeiten Knubbels!!

———

Aber diese „Knubbels", diese verfluchten, vermaledeiten „Knubbels" waren schon längst alle die Treppe hinuntergepoltert. Ueber Hals, über Kopf! Wie es grade gekommen war! Der kleine Conditor Knorr, der kleine Steuereinnehmer Zippe, der kleine Schiffszimmermeister Bohl, der kleine Jonathan Grule und wie sie alle hiessen!

Allen voran aber natürlich wieder der kleine, dicke Bäckermeister Trimpeter!

Es war wirklich die höchste, die allerhöchste
Zeit gewesen . . .

Oh! Der Hof! Der Hof!

Wie die warme, weiche Luft dort ihnen
wohl that! Wie die Sonne dort oben hoch auf
den Dächern lag! Auf den Dächern! Die
rothen Schornsteine drauf rauchten, die Spatzen
zwitscherten und die Sonne schien!

Oh! Der Hof! Der Hof!

Ari-ben-Aribell, der grösste Seilkünstler
beider Welten, hatte soeben seine halsbrecherischen Productionen beendet und verbeugte
sich nun submissest vor seinem geneigten
Publico.

Seine grosse, goldpapierne Mütze war ihm
vorn über die fuchsrothe, dreieckige Frisur weg
bis unten tief in die breite, niedrige Stirn gerutscht, sein ganzes, grauenhaftes Teufelsgesicht
drunter bestand nur noch aus Mehl, Schweiss
und Zinober. Seine dicken, kohlschwarzen
Badehosen mussten jetzt klitschnass sein.

Die „Pudels", die sich so lange wie grosse,
anständige Leute betragen hatten, fingen jetzt

laut zu brüllen an. Ihre dicken, grauen, zer-
knitterten Tuchmützen waren alle hoch in die
Luft geflogen.

Kotel Thiem, der heute selbstverständlich
schwänzte, war natürlich wieder mitten drunter.
Sein dünner, runder, orangerother Latein-
schülerdeckel war entschieden der allerforscheste.
Er wirbelte immer wieder und wieder in die
Höhe. Immer wieder und wieder!

„Ari-ben-Aribell, Ari-ben-Aribell! Hurra —
hoch! Hurra hoch! Ari-ben-Aribell! Ari-
ben-Aribell!"

Der grösste Seilkünstler beider Welten verbeugte sich wieder.

Er war nur noch Schweiss, Mehl und
Zinober! Nur noch Schweiss, Mehl und Zinober!

Die Sonne auf seiner langen, goldgelben
Balancirstange glitzerte . . .

Oben in das stille, geleerte Schulzimmer,
in das jetzt der grosse, runde Kastanienbaum
draussen seinen ganzen, scharfgezackten Schatten warf, war der stürmische Applaus der
enthusiasmirten Jahrmarktsmenge wie ein lauter,
lang anhaltender Wuthschrei gebrochen.

Der dicke, blaue Brummer hinten an der letzten Scheibe war entsetzt auf das breite, gelbgestrichene Fensterbrett zurückgetaumelt. Er lag jetzt mitten in der tiefen, ausgetrockneten Regenrinne und ampelte dort verzweifelt mit seinen sechs dickbehaarten, schwarzen Beinen umher.

Ab und zu versuchte er sich auch mit seinen kleinen, graudurchäderten, glasharten Flügelchen aufzuhelfen. Schon mehr als einmal war ihm das auch mit Hülfe seines dicken, kohlschwarzen Rüssels fast gelungen; aber regelmässig kullerte er wieder zurück.

Noch eine kleine Weile und er musste rechts durch das grosse, runde Loch mitten unten in den schrecklichen, stockdunklen Wasserkasten stürzen!

Sein zorniges, abgerissenes Brummen mischte sich abwechselnd in das scheussliche, ohrenzerreissende Gelächter, das noch immer durch das ganze, grosse Zimmer gellte.

Der Herr Rector Borchert stand da wie gelähmt. Er war mit seinem dicken, krummen

Rücken schwer gegen das grosse, gelbe Gerüst neben die offene Thür getaumelt.

Seine schwarzen, abgeschabten Rockärmel schlotterten ihm wie um zwei lange, dünne Knochen. Seine kleinen, unheimlichen Ferkeläugelchen stierten entsetzt in die grosse, grellbeleuchtete Ecke neben dem Katheder.

Dort, dicht neben dem kleinen, eisernen Spucknapf, der jetzt umgestülpt war, wand sich etwas, was mit seinen dünnen, krummen Beinchen fortwährend zappelte und mit seinen kleinen, geballten Fäustchen wie wild um sich schlug. Das alte, schmierige Judenkaftanchen war ihm hinten mitten durchgerissen, aus seinen dicken, blauaufgeworfenen Lippen floss es wie Geifer.

Es war der kleine Lewin, der den Lachkrampf bekommen hatte. —

II.

„Hier, meine Herrschaften, das Paradies des Sultans von Marokko! Treten Sie ein, meine Herrschaften, treten Sie ein! Man muss

so etwas gesehn haben, meine Herrschaften!
Man muss so etwas gesehn haben! Die welt-
berühmte Miss Pepita! Geboren drei Tage
hinter dem Mond in der Wüste Sahara! Wo
die Bäume ohne Wurzeln wachsen! Speit
40 Fuss in die Höhe und fängt es mit ihrem
Rachen wieder auf! Man muss so etwas gesehen haben, meine Herrschaften! Man muss
so etwas gesehen haben! Treten Sie ein!
Die Vorstellung wird sogleich beginnen!
Soldaten und Kinder zahlen nur die Hälfte!
Treten Sie ein! Treten Sie ein! Treten Sie
ein! Treten Sie ein!"

Tschullu Wabuhu, der Mohr aus Pernambucco, konnte kaum noch jappen. Er hatte
sich heute sein dickes, rundes Kartoffelgesicht
mit Russ eingerieben und seinen spitzen,
speckigen Bierbauch in ein dünnes, weiss-
baumwollenes Tricot gezwängt. Durch die
weiten, groben Maschen schimmerte deutlich
seine rosa Haut durch.

„Das Paradies des Sultans von Marokko!
Treten Sie ein, meine Herrschaften! Treten
Sie ein! Treten Sie ein! Treten Sie ein! Treten
Sie ein!"

Seine Stimme überschlug sich, seine runden, weissen Froschaugen waren ihm dick aus den dunklen Höhlen gequollen.

Das Publicum, das die Bude dicht umdrängte, sperrte Nasen und Mäuler auf. Dieser Mohr aus Pernambucco imponirte ihm!

Mit einem einzigen, furchtbaren Faustschlag, der allen durch Mark und Bein fröstelte, hatte er sich eben seine hohe, spitze Filzmütze, die fingerdick mit Kreide bestrichen war, bis hinten in das rothe, wulstige Genick runtergeschlagen und begann nun den bisher noch unübertroffenen, noch nie dagewesenen Kriegstanz des Königs Murri-Tschidschi-Wauwau.

„Uhahihahú, uhahihahú, ptschau! Uhahihahú, uhahihahú, ptschau!"

Seine dicken, runden Fäuste, die roth mit Ochsenblut beschmiert waren, hieben wie wüthend auf die grosse, himmelblaue Pauke ein, die ihm an einem langen, gelben Ledergurt vorn von den Schultern herab bis unten grade mitten vor den Bauch baumelte, die dünnen Bretter unter ihm krachten.

„Uhahihahú, uhahihahú, ptschau! Uhahihahú, uhahihahú, ptschau!"

Noch fünf Minuten und er musste in die grässlichsten Zuckungen verfallen sein!

Die „Pudels" wagten kaum zu athmen. Um besser sehn zu können, hatten sie sich alle auf Spitzzehen gestellt. Pole Lackner war sogar auf eine Wagendeichsel geklettert!

Etwas weiter nach rechts, auf der anderen Seite des Podiums, stand steif wie aus Holz geschnitzt Eliza Barberini, der Stern aus Paramaibo. Er war wie eine Ballettänzerin costümirt und schlug die Triangel.

Dazwischen, hinter den dünnen, kirschrothen Portièren, grade über der kleinen, hölzernen Treppe, auf der grossen, umgekippten Zuckerkiste, die heute aber dick mit Goldbronze bepinselt war, sass Mardochai. Die schönen, langen, schneeweissen Troddeln an seinen Ohren hingen ihm grade unten bis auf die grosse, kohlschwarze Casse aus Ebenholz herab, die er bewachte.

„Uhahihahú, uhahihahú, ptschau! Uhahihahú, uhahihahú, ptschau!"

Da! Jetzt! Pffff . . . . . bautz, rin in die Pauke!

Das Publicum, aus dessen Mitte der Stein

geschleudert worden war, hatte sich unwillkürlich etwas geduckt.

Nanu? Donnerwetter!! Alle Hälse waren
jetzt wieder in die Höhe gereckt. Der grosse,
ziegelrothe Kanten war der armen Pauke
grade oben durch das runde, weisse Fell
mitten in den himmelblauen Bauch geplaukscht.

„Aah!! Uhahihahú, uhahihahú, ptschau!
Ptschau, ptschau, ptschau!!"

Tschullu Wabuhu, der Mohr aus Pernambucco hatte plötzlich seinen bisher noch unübertroffenen, noch nie dagewesenen Kriegstanz des Königs Murri-Tschidschi-Wauwau
mitten abschnappen lassen.

Sacra! Er hatte es ganz deutlich gesehn!
Die Bestie war so ein kleiner, verschrumpelter
Rotzjung' gewesen, der einen runden, orange-
rothen Lateinschülerdeckel aufgehabt hatte.

„Na wacht! Wacht!"

Er hatte jetzt seine infame Pauke hinter
sich auf das dünne, bretterne Gerüst gebullert
und bohrte sich nun mit seinem dicken, runden
Niggerschädel mitten durch die verblüfften
Bauern. Seine spitze, weisse Mütze war ihm

hinten unter die kleine, hölzerne Treppe gerollt. Er hob sie nicht einmal auf!

„Wenn ick di kreeg, Kreet, wenn ick di kreeg! Wenn ick di kreeg, wenn ick di kreeg!"

Das Publicum, welches sich von seinem Schreck wieder erholt hatte, johlte.

„Griep em, Tschullu! Griep em! Griep em!"

Tschullu schäumte!

Links aus dem Cagliostrotheater setzte eben die Blechmusik ein.

M-ta, m-ta, m-tata,
M-ta, m-ta, m-tata,
Bum, bum, bum!

Mardochai sass oben auf seiner Zuckerkiste und heulte. Der ganze Jahrmarkt war jetzt wie verrückt geworden! Die Meerkatzen drüben aus der Menagerie zeterten, die Löwen brüllten, die Kakadus schrieen, die Schmalzkuchen dufteten, die Schusterbuden stanken.

„Griep em, Tschullu! Griep em, griep em!"

Nur der Stern aus Paramaibo hatte sich nicht gerührt. Er stand noch immer wie aus Holz geschnitzt auf der andren Seite und schlug die Triangel. Seine langen, dünnen Beine, die noch immer in den zerplatzten, grässlich grünen Tricots staken, standen noch genau so steif da wie vorhin.

Seine spärlichen, straffen Haare hingen ihm wie ein Gewirr von langen, schwarzen Bindfäden über die gelben, knochigen Schultern.

„Griep em, Tschullu! Griep em! Griep em!"

Der Stern aus Paramaibo rührte sich nicht. Er stand nur ruhig da und schlug seine Triangel. Es ging nun schon in das siebenundvierzigste Jahr, dass er taub war . . .

„Wenn ick di kreeg, Kreet, wenn ick di kreeg! Wenn ick di kreeg, wenn ick di kreeg!"

Aber Kotel Thiem war längst über alle Berge! Tschullu Wabuhu, der Mohr aus Pernambucco konnte ihm jetzt den Buckel lang rutschen!

Draussen auf der sogenannten Bauernvorstadt, zwischen den letzten kleinen, verkrumpelten Häuserchen, die zu beiden Seiten der Chaussee mit ihren alten, gelben, geflickten

Strohdächern bis unten in die vielen, kleinen,
kreisrunden Pfützen tauchten, in denen Holz-
scheite, Papierkähne, Enten und Strohwische
schwammen, hatten die Jahrmarktsleute ihr
Barackenlager aufgeschlagen.

Dicht vor seinem Eingange, neben einer
alten, umgekippten Tonne, aus der sich ein
langer, dünner Theerfaden bis unten mitten
in den gelben Sand gebohrt hatte, war Kotel
Thiem endlich stehen geblieben.

„Puh, die Hitze!"

Das Diarium, das ihm von seinem schnellen
Humpeln bis unten auf den Bauch gerutscht
war, hatte er sich wieder fest unter seine
Weste geknöpft.

Die ganze Bauernvorstadt war heute wie
auf den Kopf gestellt.

Hier, neben einem kleinen, dreieckigen
Vorgärtchen, über dessen graue, schiefge-
nagelte Bretter sich nur eine einzige, grosse,
gelbe Sonnenblume bog, stand ein grosser,
rother, abgeschirrter Wagen, aus dessen beiden
Blechschornsteinen es dick rauchte, dort, zwischen zwei braunen, wackligen Lehmmauern

hatte eine keifende Bajazzofamilie ihr buntes,
niedriges, zerrissenes Zelt aufgeschlagen. Auf
einem langen, gelben Leiterwagen, an dem
drei kleine, dürre, kohlschwarze Klepper ange-
halftert waren, hockte ein altes, weisshaariges
Zigeunerweib und lutschte aus einer dicken,
verstaubten Weinflasche kalten Kaffee. Ihre
rothen Triefaugen hatte sie stier aufgerissen,
die gelben Münzen an ihrem blauen Kopfputz
klackerten.

Dazwischen überall kleine, ungezogne
Bälge, die sich die Gesichter mit Ziegelroth
beschmiert hatten, Kobolz schossen und dabei
die vielen grossen, angeketteten Hunde ärger-
ten. Die meisten baarfuss und im Hemde.
Alle aber braungebrannt und flachshaarig.

Auf einem umgekippten, kupfernen Kessel
sass ein Clown und nähte sich Schellen an
seine Kappe. Dahinter, halbnackt zwischen
zwei ausgespannten Wolltüchern kauernd, vor
einem kleinen, runden Taschenspiegelchen ein
junges, rothhaariges Weib. Ein kleines,
splitternacktes Kind steckte sich neben ihm
seine kleinen, rosa Zehchen in den Mund und
lachte. Nicht weit davon in dem ausge-

trockneten, staubigen Chausseegraben, zwischen den Wurzeln einer riesigen, dunkelgrünen Pappel, ein Brett mit der Aufschrift: „Heute Abend bei Eintritt der Dunkelheit feenhafte Beleuchtung".

Kotel Thiem hatte sich jetzt seine Hände grossspurig in die Hosentaschen gesteckt und spuckte nun verächtlich vor sich aus.

Die kleinen, flachsköpfigen Bälge zwischen den Tümpeln hatten eben dicht hinter der Mauer unter Steinen und Brennnesseln einen alten, zerbrochenen Kochtopf gefunden und tuteten nun die Nationalhymne auf ihm. Um den ersten kleinen, blauen Tümpel herum veranstalteten sie einen Gänsemarsch. Der Lehm unter ihren kleinen Füssen platschte, ihre Hemden flatterten. Ulle Lüders, der einen Dreispitz aus Strohpapier aufhatte, allen voran.

Kotel Thiem überlegte noch.

Die beiden, grossen, weissen Störche oben auf Linkerholts Scheune waren jetzt von dem plötzlichen Lärm unten scheu geworden und schwammen grade mit grossen, weitausgebreiteten Flügeln, die langen dünnen Beine wie zwei riesige, rote Streichhölzer zurückgeklappt, nach

9

dem fernen, grünen Stadtwalde zu. Dort lag
die Eselswiese, auf der es still war und Frösche
gab. Ihr grosses, rundes, schwarzes Nest
starrte jetzt leer hinter ihnen auf dem spitzen,
weissgemauerten Giebel in den dunkelblauen
Himmel.

Nee! Hier war nischt los! Partutemang
nischt!

Kotel Thiem hatte wieder verächtlich in
die dämliche Tonne gespuckt.

Partutemang nischt!

Er wollte jetzt durch das Thor wieder in
die Stadt zurück. Aber noch ehe er die kleine,
hölzerne Brücke passirt hatte, war er schon
wieder stehn geblieben.

„Donnerwetter! Das . . . nee! — Du! Jung'!
Rotzvieh! Du schwänzst doch nich etwa? Ich
denke, Du Aff'. Du ochst jetzt?!"

Der kleine Jonathan war puterroth geworden. Er war eben hinten durch das kleine,
gelbe Häuschen an der Mauer dem Herrn
Rector Borchert, der den armen, kleinen Juden-
jungen todtgeschlagen hätte, ausgerückt und

wollte sich nun hinten um die Bauernvorstadt rum zu dem alten Vater Lorenz oben in den Wald schleichen. Nach Hause wollte er nie mehr zurück.

„Na, Du Kuhjung? Wird's bald?"

Kotel Thiem hatte ihm jetzt eins forsch auf die Schulter geschlagen.

„Na?"

Er kramte jetzt eifrig in seinen Taschen rum.

„Na? Oder willst Du Backzähne schlucken?! Na, Jungchen?!"

Der kleine Jonathan zitterte an seinem ganzen Leibe. Kothel Tiem fing sich immer Frösche!

„Na? Eins — Zwei — Himmel — und? Und? Na?"

Kotel Thiem hatte sich jetzt dicht vor ihn hingestellt und fuchtelte ihm nun mit seinem grässlichen, blanken Federmesser in einem fort vor'm Gesicht rum.

„Ach, Du! Ach, Du! Ach, Kotel! Ach, lieber, lieber Kotel!"

Der kleine Jonathan hatte jetzt laut zu weinen angefangen. Kotel Thiem schlitzte ihnen damit immer den Bauch auf!

9*

„Nich? Na, denn nich. Du Schafskopp!"

Kotel Thiem hatte jetzt sein gräuliches
Groschenmesser wieder grossmüthig zuschnap-
pen lassen.

„Glaubst Du, dass ich nich weiss, dass Dein
Vater Pillendreher is? Glaubst Du, dass ich
mir an Dir die Finger schmutzig machen wer'?

Kotel Thiem wusste sich auf einmal kaum
zu lassen vor Ekel. Er hatte eben das dicke,
blanke, runde Ding in seiner Hand gesehn
und war sich sofort darüber klar geworden,
dass das eine Doppelkrone sein musste. Er
steckte jetzt sein Messer wieder ruhig in die
Tasche. Sein Plan war gefasst.

„Glaubt der Aff', dass ich ihm den Bauch
aufschlitzen wer'! Nee Du'chen! Weisst Du,
was Du bist? 'n Aff', bist Du!"

Der kleine Jonathan trocknete sich noch
immer mit seinen beiden Fäusten die Thränen
aus den Augen. Kothel Thiem spielte immer
Indianerchen! Er schluchzte nur so.

Kotel Thiem hatte sich jetzt nach allen
Seiten hin vorsichtig umgesehn.

Es war Niemand in der Nähe. Nur die
kleinen, halbnackten Flachsköpfe, die mit ihren

kleinen, schmuddligen Füsschen in den vielen,
runden Tümpeln ringsrum rumpatschten und die
paar kleinen Mädchen, die sie hinten an den
kurzen, zerrissenen Hemdchen gepackt hielten,
damit sie nicht mitten zu den Papierkähnen
unter die Enten purzelten. Eine alte Frau, die
auf einer Steinschwelle hockte, war über ihrem
blauen Strickstrumpf eingeschlafen. Ihre Horn-
brille war ihr über die Nase weg bis unten
auf ihr behaartes Kinn gerutscht.

Die bunten Gräser oben auf der Stadtmauer nickten, ihre langen, blauen Schatten
fielen unten auf die rosa Rücken zweier kleiner, dicker Ferkelchen, die sich mit ihren
spitzen Schnauzen in den gelben Sand ge-
wühlt hatten und nur noch mit den Ohren
zuckelten, wenn eine Fliege über sie wegkroch.
Weiter hinten bei den Bajazzos wurde gerade
ein kleiner Bengel durchgeprügelt. Sein jäm-
merliches Geschrei zeterte über die ganze
Bauernvorstadt hin. Hinten, ganz fern auf der
Chaussee konnte man deutlich sehn, wie ein
grosser, weisser Mehlwagen ankam . . .

Kotel Thiem war jetzt geradezu manierlich geworden.

„Weisst Du, Mensch? Soll ich Dir mal was sagen?"

Der kleine Jonathan sah auf. Wenn Kotel Thiem zu einem „Mensch" sagte, brauchte man keine Angst vor ihm zu haben.

„Ich mein' . . ."

Er war jetzt auf einmal roth geworden. Er hustete.

„Ich mein' . . . also . . . Kurz und gut, Du Aff', Du sollst mir was pumpen!"

Er hatte sich wieder die Hände mitten in die Hosentaschen gesteckt und sah nun den kleinen Jonathan drohend an.

Der kleine Jonathan hatte seine Augen vor Schrecken gross aufgerissen. Er war kreidebleich geworden.

„Natürlich brauchst Du Knubbeljung' nich gleich zu denken, dass ich Dir Dein koddriges Geld nich wieder zurückgeb'! Glaubst Du, ich bin ein Jud'? Du giebst mir einfach von Deinem Alten noch was Lakritzensaft zu, und dann geb' ich Dir Maikäfer für. Maikäfer! Na? Zu, Du Aff'! Glaubst Du, ich hab' hier so lange Zeit zu stehn un nich in die Schul' zu gehn? Glaubst Du, wir haben heute keine Schul', Du

Aff? Du bist ausgekniffen, Du Aff'! Na? Willst Du nu oder nich? Eine ganze Schachtel voll! Eine ganze, grosse Schachtel voll! Lauter Müller und Schornsteinfeger! Na? Nu mach' doch, Du Aff'! Nu mach' doch!"

Kotel Thiem hatte seine ganze Beredtsamkeit aufgeboten. Er stand jetzt breitbeinig vor ihm da.

„Na?"

Die beiden, kleinen, rosa Ferkelchen, denen eben zu gleicher Zeit zwei dicke, blaue Brummer über die Schnauzen gekrochen waren, hatten sich jetzt beide auf ihren runden Rücken rumgesühlt und grunzten. Ihre acht kleinen, dicken Beine starrten in die Luft.

Der kleine Jonathan schwankte noch.

„Maikäfer?"

„Zum Donnerwetter, ja doch! Maikäfer, Du Aff'! Verstehst Du denn nich? Maikäfer!"

Kotel Thiem fing jetzt endlich wirklich an die Geduld zu verlieren. Er musste heute noch absolut seinen Aufsatz einschreiben: „Der seltene Edelmuth des Horatius Cocles!" Er fing an: „Schon die alten Phönizier".

„Also, willst Du nu, oder nich? Eine ganze Schachtel voll!"

„Auf Ehre?"

Der kleine Jonathan hatte gehört, wenn Kotel Thiem zu einem „auf Ehre!" sagte, dann war Alles wirklich und auf Ernst.

„Auf Ehre?"

Kotel Thiem war jetzt wieder roth geworden.

„Natürlich, Du Aff'! Auf was denn sonst? Ich bin doch kein Jud'? Wenn Du nochmal sagst, Du Aff', dass ich ein Jud' bin, dann knuff' ich Dir das Fell voll, aber werd' Dir keine Maikäfer schenken! Glaubst Du, ich bin ein Jud'? Wenn Du nich gleich sagst, dass ich kein Juditzig bin . . ."

„Da!"

Der kleine Jonathan hatte jetzt seine dicke, weisse Patschhand gross aufgemacht. Er hatte sie so lange hinter seinem Rücken gehalten. Die schöne, harte, blanke Doppelkrone lag mitten drin.

„Also eine ganze, grosse, dicke Schachtel voll! Müller, Bäcker und Schornsteinfeger! Müller, Bäcker und . . ."

„Au Knaatsch! Au Knaatsch!! Au
Knaatsch!!!"

Der kleine Jonathan stand da!

Kotel Thiem war mit seiner schönen, har-
ten, blanken Doppelkrone die lange, dunkle
Thorstrasse in die Höhe gelaufen und stand
jetzt breitbeinig über dem Rinnstein. Das
schöne, silberne Ding schwenkte er immer nur
so rund um seine Mütze rum.

„Au Knaatsch! Au Knaatsch!! Au
Knaatsch!!!"

Der kleine Jonathan dachte nicht einmal
daran seinen Mund aufzumachen.

Die bunten Gräser oben auf der Stadtmauer zitterten, unten in dem Theerstreifen
spiegelte sich die Sonne.

Plötzlich war der kleine Jonathan wieder
zusammengefahren. Aus dem nächsten Bauern-
haus mitten unter die kleinen, halbnackten
Flachsköpfe hatte sich eben ein altes, trief-
äugiges Weib gestürzt und bearbeitete sie nun
mit einem grossen, strubbligen Besen, der auf
einen rothen Birkenpfahl gespiesst war.

„Will'n ji rin un stoppen Strümp?!"

Die kleinen Bälge liefen was sie konnten. Mutter Kerstens hinterdrein.

„Will'n ji rin un stoppen Strümp?!"

Die beiden kleinen, rosa Ferkelchen hatten sich erschreckt unter die alte Stadtmauer geflüchtet. Mitten zwischen die dicken Nesseln!

Der grosse, weisse Mehlwagen war die lange, staubige Chaussee richtig heruntergekommen und ratterte jetzt schwerfällig über die Brücke.

Der kleine Jonathan stand da wie todt. Er sah nur noch die Sonne, die sich unten in dem schwarzen Theerstreifen spiegelte.

III.

Endlich am Abend, als die Sonne schon roth hinter den stillen, schwarzen Tannen stand, wagte sich der kleine Jonathan wieder aus seinem Versteck. Sein ganzes, schönes, neues Kittelchen war mit Moos beklebt, seine kleinen, kurzen Stulpstiefelchen staken voll Erde. Er war furchtbar hungrig!

Wenn er sich jetzt nicht zu dem alten

Lorenz traute und um ein Stückchen Brod bettelte, musste er sterben. Dann zerrissen ihn die Wölfe und die Krähen hackten ihm die Augen aus. Dann war er so todt wie der kleine Lewin.

Er war wieder stehn geblieben.

Ein grosser, rother Strauch hatte ihm hinten in sein zerrissenes Kittelchen einen Dorn ein-gehakt. Die dicken, blauen Beeren dran waren gewiss giftig.

O, er konnte nicht einmal mehr weinen!

Die Farren standen hier noch so hoch, dass sie ihm bis über den Bauch reichten. Ein Bündel Glockenblumen schwamm wie eine kleine, blaue Insel drin. Die grossen, bunten Schmetterlinge drüber waren alle schon schlafen gegangen. Ueber einer kleinen, runden Lich-tung spielte nur noch ein dicker, dunkler Schwarm Mücken in der goldnen Luft. Jetzt, irgendwo in der Ferne, sang ein Vogel Bülow. Der ganze Wald roch nach Pilzen.

Der kleine Jonathan seufzte. Er konnte sich kaum noch weiter schleppen.

Seine Händchen waren ihm dick geschwollen. seine langen, braunen Locken hingen ihm wirr über die kleine, weisse Stirn und über die grossen, blauen Augen drunter, die ihm weh thaten. Bei jedem Schritt über die dicken, braunen Wurzeln unten stolperte er.

Der alte Lorenz war dem kleinen Jonathan sein bester Freund. Er kam immer unten in die Apotheke und verkaufte Kräuterchen.

Sein kleines, rothes Häuschen stand draussen dicht am Waldrand. Aus seinen beiden, niedrigen Fensterchen, hinter denen das ganze Jahr durch immer Goldlack, Fuchsien und Verbenen blühten, konnte man grade unten auf die vielen alten, spitzen, grauen Dächer sehn.

Oben auf seinem kleinen, kohlschwarzen Schornsteinchen sassen heute zwei Tauben, die sich schnäbelten. Die dicken, dunklen Tannen drüber, die jetzt im Abendwinde leise ihre spitzen, vergoldeten Kronen schaukelten, duckten ihre starren, untersten, grünen Aeste bis grade dicht auf ihr weiches, weisses Gefieder. Der alte, dicke, faule Plumpsack Pluto unten lag quer vor der Thür und schnarchte. Die kleinen, breiten Fensterchen zu beiden Seiten blitzten, der ganze, weiche Waldboden

davor war mit Stroh bestreut. Dazwischen die
zwölf kleinen, kohlschwarzen Hühnerchen, die
nach Regenwürmern pickten und dabei in einem
fort gackerten.

Der kleine Jonathan athmete tief auf. Er
hatte sich eben hinten durch das kleine, grüne
Petersiliengärtchen verstohlen über die graue,
ausgetretne Steinschwelle geschlichen und stand
nun mitten in dem langen, schmalen, dunklen
Flur.

Die Sonne, die von vorn her schräg durch
die runde, rissige Thür schien, deren untere,
viereckige Hälfte offen stand, lag noch auf
einem Theil des Fussbodens. Er war roth
geziegelt. Der kleine Jonathan hatte sich jetzt
mit seinem kleinen, runden Kopf schwer gegen
die dicke, weisse Wand gelehnt. Sie war eiskalt! Er fühlte, wie ihm sein kleines Herz
klopfte. Seine Augen hatte er fest zugemacht . . .

Rechts hinter der dünnen, braunen Thür,
die in die grosse, blaue Wohnstube führte,
hörte er deutlich, wie in das Ticken der alten
Kuckucksuhr etwas schnurrte.

Schnurrr . . . schnurrr . . schnurrr . . .

Das war das kleine, rothe Eichkaterchen drin, das sein Bauerchen drehte.

Dazwischen über ein morsches Holz tippelte etwas mit seinen Poten.

Tipp-tapp . . . tipp-tapp . . . tipp-tapp . . .

Immer hin und her! Immer hin und her!

Das war der alte Rabe Jacob, der wieder spazieren ging!

Der kleine Jonathan hörte es ganz deutlich! Ab und zu blieb er stehn und schimpfte.

„Dummkopf! Dummkopf! Dummkopf!"

Dann blieb das kleine, rothe Eichkaterchen jedesmal ganz erschreckt sitzen und alles war wieder eine Zeit lang ganz still. Ganz still . . .

Der kleine Jonathan hatte jetzt seine Augen wieder gross aufgemacht.

Die zwölf kleinen, kohlschwarzen Hühnerchen draussen gackerten, der alte, dicke Pluto, der mit seinem grauen Hintertheil noch grade vorn in das rothe, warme Sonnenviertel reichte, schnarchte, die Tauben oben über dem Dache gurrten, die Tannen drüber rauschten.

Der kleine Jonathan horchte.

Das war grade wie ein Märchen! Das war wie das Haus von der alten Hexe . . .

Nur der alte Papa Lorenz liess sich nicht hören! Der sass jetzt wahrscheinlich wieder in dem grossen, ledernen Lehnstuhl neben dem Fenster und schlief. Blos, er schnarchte heute nicht!

Der kleine Jonathan schwankte noch. Endlich aber fasste er sich ein Herz.

Er stellte sich auf Spitzzehen und klinkte den runden, eisernen Drücker auf.

„Schnurrr . . . schnurrr . . . schnurrr . . . Dummkopf!"

Er stand jetzt mitten in der Stube!

Die Sonne, die schräg durch das breite, niedrige Fensterchen fiel, schien dem alten Vater Lorenz grade mitten in den alten, runzligen Mund. Er stand gross auf. Vorn auf seiner dicken, blauen Zunge sass grade eine kleine Fliege. Sie putzte sich eben ihre schwarzen Hinterbeinchen.

Ganz erschreckt war der kleine Jonathan stehen geblieben.

Noch nie hatte er gewusst, dass ein Mensch so die Augen aufhatte, wenn er schlief!

Der alte Papa Lorenz hatte sie starr oben
auf den grossen, weissen Balken an der Decke
gerichtet, von dem an dem rothen, zerrissenen
Schnupftuch noch vom vergangenen Winter
her das alte, leere, hölzerne Vogelbauerchen
baumelte.

Seine runde, blaue Brille, die in der Mitte
dick mit Werg umwickelt war, sass ihm grade
vorn auf der dünnen, schneeweissen Nasen-
spitze. Rechts und links auf den blanken,
ledernen Lehnen seine beiden Hände. Die
Finger dran alle weit auseinandergespreizt,
die dicken, blauen Adern drum schwarz geschwollen.

Seine schöne, neue, lange Pfeife war ihm
eben ausgegangen! Sie stak jetzt grade mitten
zwischen seinen alten, dünnen Beinen, die
heute dick mit weissen Lappen umwickelt
waren.

„Dummkopf!"

Der kleine Jonathan war unwillkürlich zurückgeprallt. So zornig hatte er den alten
Raben Jacob noch nie gesehn!

Die dünnen, schwarzen Federn auf seinem

Rücken hatten sich gesträubt, seine Augen funkelten.

„Dummkopf! Dummkopf! Dummkopf!"

Er hackte jetzt mit seinem grossen, schwarzen Schnabel wie wüthend auf das breite, morsche Fensterbrett ein.

Die vielen, kleinen, bunten Blumentöpfe drauf wackelten, von den beiden mittelsten Fuchsien plumpten jetzt nacheinander drei dicke, rosa Blüthen runter.

Der kleine Jonathan sah alles ganz genau! Er hatte sich nach und nach bis hinten hinter das grüne, wacklige Küchentischchen geflüchtet.

Die erste lag jetzt unten mitten in dem kleinen, weissen Zuckerschälchen, die zweite hing der grossen, himmelblauen Kaffeetasse dicht daneben noch grade schief über den dünnen, abgeschabten Goldrand, die dritte war gleich dahinter mitten in die tiefe, runde, grünbraune Schnupftabaksdose gefallen. Quer davor aus dem alten, rothgefütterten Leder-futteral stak noch grade das Rasirmesser von dem alten Vater Lorenz!

„Dummkopf! Dummkopf! Dummkopf!"

Seine beiden, alten, welken Hände waren

kraftlos rechts und links über die Lehnen
runtergeschlottert, seine schöne, neue, lange
Pfeife lag jetzt unten mitten zwischen dem
blauen Blumenschatten. Das dicke, schwarze
Vieh hatte sich ihm eben mitten auf den Bauch
plumpen lassen.

Der kleine Jonathan zitterte an allen Gliedern.

Der alte Papa Lorenz schlief noch immer!

Seinen dicken, schwarzen Schnabel hatte
der alte Rabe Jacob jetzt mitten in die alte,
blassrothe Flanelljacke gehakt. Um nicht unten
in die dicke Pfeifenasche zu fallen, schlug er
dabei wüthend mit den Flügeln. Sie waren
kurz und an ihren Enden abgehackt. Jetzt
hatte er endlich auch den ersten, grossen,
runden Hornknopf zu packen gekriegt. Er
biss sich dran fest! Die Näthe drumrum
krachten, er kletterte langsam in die Höhe.
Er konnte jetzt vor lauter Wuth nicht einmal
mehr schreien. Er krächzte nur noch.

„Kraah . . . kraah . . . kraah . . ."

Der kleine Jonathan hatte sich jetzt bis
ganz hinten hinter den grossen, grünen Kachelofen verkrochen. Eine entsetzliche Angst hatte
ihn gepackt. Er wollte schreien! Grossvater!!

Aber er konnte nicht! Seine kleine Kehle war ihm wie zugeschnürt . . .

Der alte Vater Lorenz sass noch immer da. Die kleine, schwarze Fliege aus seinem Munde war aufgesurrt und stiess jetzt mit ihrem kleinen, blauen, glasharten Flügelchen fortwährend gegen den dicken, weissen Balken oben.

„Dummkopf! Dummkopf! Dummkopf!"

Das kleine, rothe Eichkaterchen in seinem Bauerchen hatte sich jetzt mit seinen kleinen krummen Pfoten vorn in die Drahtsprossen gehakt und sah nun neugierig nach dem Raben rüber. Der war eben das rothgestreifte Kissen in die Höhe bis oben auf den Lehnstuhl geklettert und sass nun dem alten Lorenz grade mitten über dem Kopfe.

„Dummkopf! Dummkopf! Dummkopf!"

Seine spitze, abgelederte Brust hatte sich ihm dick aufgebläht, seine schwarzen Flügel schlugen.

Der kleine Jonathan hätte am liebsten zu weinen angefangen.

Wenn der alte Papa Lorenz jetzt nicht endlich aufwachte, hackte er ihm den Kopf ab!

„Grossvater! Grossvater!"

Ah! Jetzt endlich hatte das alte, schwarze Vieh ihn gesehn. Seine Schwanzfedern hatten sich gesträubt, seine Augen funkelten. Fast wäre es eben mit seinem dicken, schwarzen Schnabel vornübergewippt. Aber er hielt sich noch!

„Kraah! Kraah!! Kraah!!!"

Mit einem Ruck war es jetzt dem alten Lorenz mit seinen scharfen, spitzen Krallen auf den alten, nackten Kopf gesprungen.

„Kraah!!!"

Dem kleinen Jonathan war es eiskalt über den Rücken gelaufen.

Der alte Papa Lorenz hatte nicht einmal Muck gemacht!

Sein Kopf war lautlos vornübergewippt, die Kinnlade unten auf die rothe, eingefallne Brust gestossen, der Mund grässlich zugeklappt und die kleine, schwarze Fliege drin, die sich eben wieder auf seine Zunge gewagt hatte, begraben. Der alte Rabe Jacob war bis unten auf die gelben, schrunzligen Dielen mitten in die dicke, graue Pfeifenasche gekullert.

„Kraah! Kraah!!"

Er hatte sich jetzt wieder aufgerappelt und kam sehr zornig auf den kleinen Jonathan zugehumpelt.

„Kraah! Kraah!"

Ueber die Pfeife stolperte er.

„Kraah!"

Das kleine, rote Eichkaterchen drehte wieder wie toll sein Bauerchen.

Schnurrr . . . schnurrr . . . schnurrr . . .

Der kleine Jonathan hatte die Thür hinter sich zugeschlagen. Er wusste von nichts mehr!

Nur noch die Mama! die Mama!

Als er sich dann aber draussen über den alten, dicken Pluto weg mitten unter die kleinen, kohlschwarzen Hühnerchen stürzte, schlugen von unten aus der Stadt her grade die Glocken an.

Das war dem kleinen Jonathan sein erster Schultag.

Ein Tod.

Endlich, nachdem jetzt der alte Svendsen unten seine eintönige Patrouille eingestellt hatte, konnte sich auch Olaf nicht mehr länger aufrecht erhalten.

Die lange Nachtwache, der scharfe Carboldunst, der das ganze, enge, schwüle Zimmer füllte, das feine Ticken der Taschenuhr drüben vom Sophatische her, das leise, unermüdliche Brühen und Blaffen, mit dem sich das Oel in der kleinen, tiefheruntergeschraubten Lampe verzehrte, sein eigenes Blut, das ihm in den Ohren summte und zwischendurch wie fernes, dünnes Glockengeläute klang: das alles betäubte ihn!

Er hatte sich jetzt in den alten, grossen kattunenen Lehnstuhl dicht neben dem Bett noch tiefer zurücksinken lassen.

Die glitzernde Flüssigkeit in dem halbvollen
Glase neben ihm, die er vergeblich zu fixiren
suchte, war jetzt in einen orangefarbenen Lichtklex verschwommen, der allmählich in's Bläu-
liche überging. Schliesslich war's nur noch
ein braunrother Funke, der übrig blieb, zuletzt
war auch der verloschen. Alles schien jetzt
schwarz! Das Glas, das Bett, die Lampe, das
ganze Zimmer . . .

Sein Kinn war ihm auf die Brust gefallen,
er war eingeschlafen.

. . . Gottseidank!! Er war wieder wach geworden. Es musste eine Maus gewesen sein!

Er schüttelte sich.

Sein Schatten, der jetzt lang und wunder-
lich geknickt drüben über die weisse, niedrige
Thür weg, das kleine, blaue Stück Tapete
drüber und die alte, verräucherte Zimmerdecke
hin fiel, brachte ihn wieder zu sich.

Er sah nach der Uhr.

Drei!

Der Kranke lag noch immer da wie todt.

Er hatte sich jetzt über ihn gebeugt.

Das trübe, grellrothe Lampenlicht zeichnete die Augenhöhle neben der spitz vorspringenden Nase wie ein tiefes, scharf umrändertes Loch in den Schädel.

„Armer Kerl!"

Das grosse, feuchte Handtuch über seiner Stirn war jetzt wieder behutsam zurechtgedrückt, er war jetzt abermals in seinen Lehnstuhl zurückgefallen.

„Armer Kerl!"

Und nun wieder nur das leise unermüdliche Brühen der Lampe, das Ticken der Uhr und Jens, der sich jetzt auf dem alten, wackeligen Sopha drüben im Schlaf auf die andere Seite gedreht hatte . . .

Olaf seufzte.

Der schmutzige, gelbe Lichtfleck oben an der alten, rissigen Decke zitterte und zitterte, die Uhr tickte, das Blut summte, er war abermals eingeschlafen.

„O . . . Oolaf!!"

Unten, irgendwo auf dem todtenstillen Hofe hatten eben ohrenzerreissend ein paar Katzen aufgekreischt: jetzt war auch Jens in die Höhe gefahren.

„Um Gotteswillen! Was . . .“

„Halt's Maul! . . . Diese verfluchten Biester!“

Er war jetzt wieder total munter.

Jens gähnte.

„Ha . . . hach! Ich . . . ich glaub', ich — hab 'n bisschen geschlafen!“

Er hatte den Kneifer, der ihm auf das Sopha gerutscht war, aufgeknippst und drückte ihn jetzt wieder auf seine Stumpfnase.

„Hm!“

„Geht's besser?“

„Nein! Er schläft immer noch!“

„Hm!“

Eine Weile war Alles wieder still. Sogar die Katzen draussen hatten sich auf einen Augenblick beruhigt.

Jetzt sah auch Jens nach seiner Uhr. Sie war stehn geblieben.

„Drei! Nicht wahr?“

„Ja! Erst!!“

„Schön! . . . Ist noch Bier da?“

„Ja! Ich glaube.“

Jens ging nachsehen. Seine dicken Filz-
socken machten seine Schritte unhörbar. Vor
dem Bette blieb er einen Augenblick stehen.

„Du! Vielleicht wird's doch besser!"

Olaf zuckte nur die Achseln.

Eins . . . zwei . . . drei . . . fünf Stück noch

„Dir auch eine?"

„Nein! Danke!"

„Aah! das thut wohl! — Uebrigens . . .
scheusslicher Muff hier!"

„Ja! Zum Zerschneiden!"

„Schauderhaft! Schauderhaft!"

Er hatte sich jetzt, beide Hände in den
Hosentaschen, dicht vor das Fenster gestellt.

„Dieses verdammte Viehzeug!"

Olaf, der schon eine ganze Zeit auf dem
kleinen, rothgebeizten Bücherregal über der
Kommode gekramt hatte, sah jetzt auf.

„Ja! Weiss Gott! Schon die ganze Nacht!"

Jens sah jetzt auf den Hof hinaus. Er hatte
die Gardinen bei Seite genommen.

Drüben auf die dunkle Wand des Hinter-
hauses hatten die beiden Fenster ihre zwei
trüben Lichtvierecke gelegt, oben auf einem
Schornstein zeichneten sich die schwarzen

Schattenrisse zweier Katzen deutlich gegen
den blauen Nachthimmel ab. Zwei, drei
Sternchen flinkerten müde über den mit einem
leisen, grauen Lichte überzogenen Dächern.

„Tegnér? Hm! Na! Ist ja schliesslich
egal!"

Plötzlich hatten sich Beide wieder unruhig
umgedreht.

Ein scharfes Knacken war eben deutlich
durch das todtenstille Zimmer gegangen.

„Nein!... Nein!... Es war wieder nur der
dämliche Schrank!"

„Ich dachte schon . . . hm! Wenn's nur
nicht wiederkommt!"

Jens hatte unwillkürlich tief aufgeathmet.

Seiner ganzen Länge nach hatte er sich
jetzt wieder über das Sopha geworfen.

Olaf hatte sich den Tegnér dicht unter
die kleine. altmodische Lampe gerückt, um
deren Glocke noch dazu ein grosser, gelber
Zeitungsbogen gesteckt war, dessen Zipfel bis
auf den Tisch herunterreichte.

Die Blätter knitterten unter seinen Händen.
Den Ellbogen aufgestützt las er jetzt halblaut
vor sich hin.

„Wie schön die Sonne lacht! Wie freundlich
Von Zweig zu Zweigen . . ."

Wieder knitterten die Blätter. Die Furche
zwischen seinen dichten, buschigen Augenbrauen hatte sich noch tiefer gegraben.

Jens, der jetzt auf dem Bauch liegend
über das Seitenkissen des Sophas weg zwischen
den Arabesken der Gardinen hindurch den
kleinen, grünen Stern drüben über dem Schornstein beobachtete, langweilte sich scheusslich.

„Willst Du nicht lieber 'n bisschen schlafen?"

„Nein!"

„Aber, Kind! . . . Warum nicht? Ich löse
Dich ab!"

„Lass nur! . . . Kann nicht schlafen!"

„Ae! Eigentlich! Ich auch nicht mehr!"

Ein langes Schweigen war eingetreten.
Stumpf und müde starrten die Beiden vor
sich hin.

„Du!"

„Ja?"

„Nichts!"

„Was denn?"

„Still! Hörst Du nichts?!"

Unten im Flur krackelte jetzt etwas an der Hausthür herum.

„Aha!"

Schläfrig blinzelte jetzt Jens wieder nach seinem Stern hinüber.

„Hm!"

Olaf blätterte wieder weiter.

Unten hatte es unterdessen das Schlüsselloch gefunden und drehte nun mühsam auf. Es torkelte herein.

„Du! Hör mal den!"

„Na? Ei, du Donnerwetter!"

Schwer kam es jetzt die Treppe in die Höhe gestapft. Am Geländer hielt es sich. Manchmal polterte es wieder ein paar, Stufen zurück. Es schnaufte und prustete. Eine tiefe, heisere Bassstimme brummte. Jetzt endlich kam es schwerfällig über den Flur. Ein dicker Körper war dumpf gegen eine Thür geschlagen. Ein abgebrochener Fluch, dann half es sich wieder weiter.

„Heiliger Bimbam!"

Jens lachte leise.

Jetzt hatte es sich sogar gegen die Wand gestemmt und schurrte sich daran entlang.

Ein paar Kalkstücken waren abgebröckelt und prasselten nun unten auf die Dielen.

„Was?! Famose Kröte!"

„Still mal!!"

Es kam . . . ja! . . . es kam sogar . auf die Thür zu?

Jetzt . . . Schwer war es dagegen gekracht! Der dumpfe Schlag war durch das ganze Zimmer gegangen.

„Herrgott! Was ist denn das für ein Knote?!"

Olaf war steil in die Höhe gefahren.

Auch Jens war die Sache etwas bunt geworden . . .

Sie standen jetzt Beide mitten im Zimmer, die Augen aufmerksam auf die Thür gerichtet.

Es tastete nach der Klinke.

„Das heisst . . ."

Schnell, auf den Zehen, war jetzt Olaf auf die Thür zugegangen.

Aber in demselben Augenblicke war sie auch bereits aufgeprallt, und ein unförmiger, schwarzer Klumpen über die Schwelle weg prustend in's Zimmer gekugelt.

Der kühle Luftzug hatte die kleine Lampe neben dem Bett hoch aufflackern lassen.

Jens war sofort zugesprungen.

Mit Olaf's Hülfe gelang es ihm endlich, den Betrunkenen aufzurichten.

In dem matten Schein der Lampe jetzt ein blaurothes, gedunsenes Gesicht, das mit seinen kleinen, verschwommenen Augen blöde im Zimmer umherglotzte. Unter dem eingedrückten Hut vor dünne, flachsblonde Haare in die rothe, fette, schweisstriefende Stirn.

„Mein Herr! Bitte!"

Ein Schlucken und Schnieben war die einzige Antwort.

„Sie sind fehlgegangen!"

„Wa . . . hbf . . . wa . . . waas? Hbf! . . ."

„Sie sind fehlgegangen!!"

„Ah! . . . En . . . en . . . hbf! . . . schul . . . jen . . . i . . . hbf! . . ich . . ."

„Bitte!"

„Hb! Hbf! . ."

Hinterrücks war jetzt der Dicke mit seiner Verbeugung auf den Flur zurückgetaumelt. Olaf drückte die Thür fest an und drehte den Schlüssel um . . .

„Nette Wirthschaft hier!"

Endlich hatten sie sich wieder beruhigt.

Olaf blätterte wieder zerstreut in seinem Tegnér herum, Jens hatte sich auf das Sopha zurückgeworfen und blinzelte wieder schläfrig vor sich hin durch die Gardine.

Am Kopfende des Bettes, in irgend einem Winkel, summte verschlafen ein durch das Licht aufgestörter Brummer. Irgendwo raschelte und nagte eine Maus . . .

Die Taschenuhr tickte, vom Schrank her ein paar Holzwürmchen. Jetzt, oben in der dritten Etage klappte endlich auch die Thür zu.

Durch die dünne Decke durch hörte man deutlich, wie es dann plump auf ein Bett fiel . . .

Das matte, fahle Licht oben auf den Dächern war jetzt ein wenig heller geworden . . .

Olaf schüttelte sich. Ihn fröstelte. Den Lampendocht schraubte er etwas höher. Das scharfe, todtblasse Gesicht des Kranken, in dessen feuchte Stirn unter dem Handtuch vor wirr die schwarzen, nassen Haare quollen, zeichneten sich jetzt noch schärfer.

„Ach Gott, ja!“

Müde hatte jetzt Olaf den Kopf auf seine beiden Arme gelegt, die er gegen die Tischkante gestützt hatte.

Plötzlich waren sie beide erschrocken zusammengefahren!

Das Bett hatte diesmal ganz deutlich geknarrt.

Ein unruhiges Rauschen. Ein Stöhnen. Bleischwer hatte es auf das bauschige Deckbett geklappt.

Athemlos starrten die Beiden hin . . .

„Ah! . . aaah!! . .“

Schnell hatte sich jetzt Olaf über den Kranken gebeugt.

„Jens! Jens!“

„Hier!“

Der Kranke war jetzt noch unruhiger geworden. Sein Kopf drehte sich nach allen Seiten. Seine tiefliegenden, dunklen Augen waren weit aufgerissen. Seine Nägel kratzten scharf über den Bettbezug. Seine blassen, bläulichen Lippen bewegten sich.

„Du! Komm her!"

„Ja!"

Aber wieder lag er jetzt regungslos. Nur seine langen, abgemagerten Hände, die unruhig an dem Deckbett zupften. Ein paar Secunden lang war alles still

Jetzt, kaum hörbar:

„Wasser . . ."

„Schnell! Schnell!"

„Da!"

Olaf hatte sich mit dem Glase wieder über das Bett gebeugt. Vorsichtig, leise schob er dem Kranken jetzt seinen langen, sehnigen Arm unter den Kopf. Behutsam rückte er ihn ein wenig in die Höhe und drückte ihm das Glas an den Mund . . .

Gierig hatte der Kranke getrunken! Seine irren Blicke waren jetzt starr auf den schmutziggelben, bebenden Kreis oben über den weiss gestrichenen, niedrigen Querbalken der Decke gerichtet . . .

Das leise, zitternde Klappen des leeren Glases, das Jens auf den Tisch zurückstellte und die Taschenuhr drüben.

„H . . . h . . . Los! Los denn doch!!"

„Du! Du!"

„Ja!"

„Auf die Mensur! Fertig! Los!!! . . . Ah!.
Hier! Hier! In die Seite! . . . Ah! Aaah! . . .
Es schmerzt! Es schmerzt, Olaf! Olaf!! .
Hu! Das Blut! Das Blut! . . . Das ganze
Gras . . . aaah!! . . . Das ganze   Gras . . .
Das ganze Gras . . ."

Jens schüttelte sich. Es überlief ihn.

Olaf hatte sich jetzt noch tiefer über das
Bett gebückt.

„Martin! Martin! Alter Junge!"

Seine Stimme zitterte etwas.

„Jens! 'N frisches Tuch!" . . .

„Hier!"

„Ah . . . das Gras ist . . . feucht! .
kühl . . . so kühl . . . Wir müssen fort, Olaf . . .
Die Droschke . . . unten . . . Ruhig, Kind!
Ruhig! . . . Der Kerl soll dran glauben!! -
Wart mal! Wart mal! . . . Der Briefträger? . . .
Flinsberg, alter Junge! Keinen Schilling mehr,
auf Wort! . . . Geld! Geld! . . . Mutterchen
hat doch geschickt . . . Mutterchen! . . . Aber
es wird ihr schwer, Olaf! . . . Sie sagen's nur
nicht . . . sagen's nicht . . . Hier! Herr Doc-

tor! . . . Bitte! Wunderschön! . . das
Getreide . . die Vögel . . . Ach, Herr Doctor! Lasst doch' . . . ihr braucht mich
doch nicht zu halten? . . . ich kann ja allein . . .
nicht doch! . . . Lasst doch!!"

Er wand sich. Olaf hatte jetzt beide Arme
um ihn geschlungen.

„Nein! Nicht doch! Lass doch, Jens! . . .
Mach keinen Unsinn! Gieb meine Mappe
her! Ich muss in's Colleg! Sauf's!
Sauf's! . . . Rest weg! . . Donnerwetter! So
'ne wüste Zecherei! . . . Aber . . . aber . .
nicht, nicht doch! . . . Lass doch — los!! . . .
Ach — lass doch nur! Lass!! . . . Silentium!
Wir wollen eins singen!"

Mit seinen abgemagerten Armen schlug er
jetzt wild in der Luft herum. Seine langen,
schmalen Hände schlenkerten in den dürren
Gelenken.

Olaf stöhnte.

„Wir singen eins! . . . Das erste Lied! . . .
Seite . . . Nein doch! . . . Lass! . . . Lass!!
Lass doch — loos!!!"

„Jens! . . . Fass . . . mit — zu!"

„Los! Los!! Loos!!! Lasst mich doch! Lasst mich doch!! . . . Aah! Aaahh!!"

„Fest! – Fest!! . . . Er will – raus!!!"

Ein Brett, das sich unten aus der alten Bettlade gelöst hatte, war jetzt auf die Dielen gekracht. Sie wurden hin und hergeschleudert . . .

Endlich hatten sie Martin in das zerwühlte Bett wieder niedergezwängt. Er lag jetzt erschöpft da. Er schwatzte nur noch halblaut vor sich hin. Das runtergezerrte Deckbett hatte Jens wieder sorgsam über ihm zurechtgerückt. Beide athmeten schwer . . .

Draussen in der Nachbarschaft krähte jetzt ein Hahn. Im Zimmer raschelte noch immer die Maus.

„Ah! Es schmerzt! Es schmerzt ja so!! Aah!! Aaaahh!!! . . . Olaf! Olaf!!"

„Ja? Mein Junge? . . . Ich bin's ja! Und Jens! . . . Wird dir besser?"

Er hatte sich wieder zu ihm niedergebeugt. Seine Brust keuchte noch. Er konnte kaum sprechen.

„Ja! Ja . Die Sonne scheint so wunderschön . Draussen . . . Heut Abend bei Bergenhuus . . . am Strand . . Nicht wahr. Nora? . . . Ach, schon Morgen . Blos ein Frosch! . . . Nicht doch . . . blos ein Frosch . . hier! Hier! . . . Das Gras ist so schön . . . O, nicht wahr? Wir werden uns nie vergessen? . . . Nie . . . nie O, nicht wahr? . . . Noch ein Kuss? . . Hm? . . . Gute Nacht . . . Der Mond . . . so schön . . dort . . . über der See . . . so roth . . . so gross . . so groooss . . .“

Er lag jetzt da. mit halbgeschlossenen Augen. Er lächelte.

„Er wird ruhig!“

„Ja . . .“

Olaf hatte sich jetzt wieder aufgerichtet. Einen Augenblick hatte er seinen Arm gerieben. Jens wischte sich mit dem Handrücken über die Stirn.

„So kühl . . . so schön . . . so . . .“

Olaf hatte Martin wieder das feuchte Handtuch fest gerückt. Jens war zur Lampe getreten.

„Vier . . . vier erst . h! . .“

Er stand jetzt wieder am Fenster.

„Wenn's doch erst Tag wär'!!"

Der fahle Lichtschein draussen auf den
Dächern war jetzt heller geworden. Das erste
Morgendämmern legte ein mattgoldiges Gelb
auf die moosigen, schwarzrothen Dachziegel
und auf den viereckigen Schornstein drüben.
Der enge Hof unten lag in einem silbergrauen
Dämmerlicht. Langsam schlich sich der an-
brechende Morgen an der Fensternische entlang in das dumpfige Zimmer ein. Das Glanz-
leder des Sopha's hatte leise zu schimmern
angefangen, der unruhige Lichtfleck oben an
der Decke wurde immer blasser. Der Docht
der Lampe, von welcher Olaf den Zeitungsbogen genommen hatte, war nur noch ein
röthlich kohlender, stinkender Ring.

Die Maus war still geworden. Draussen
krähte wieder der Hahn. Ein leiser Windstoss
strich am Fenster vorbei. In der Nachbarschaft kräuselte sich aus einem Schornstein
ein feiner, weisser Rauch in das tiefblaue,
eckige Stück Himmel über den Hinter-
häusern.

„Wann können sie denn da sein?"

„In zwei Stunden, denk' ich!"

Jens hatte sich wieder umgedreht.

„Du! Komm! — Schnell!"

„Nein! Nein! . . . Die Bummelei hat keinen Zweck! Wir wollen jetzt arbeiten! Arbeiten!!"

„Du!"

„Herrgott! Herrgott!"

Leise schwatzte er jetzt wieder vor sich hin.

Plötzlich hatte er sich blitzschnell mit einem jähen Ruck steil aufgerichtet.

„Jens! . . . Schnell! . . . Schnell! . . . Nie-der! Nie-der! Der Ver-band!"

„Wir wollen eins singen!! . . . Wir wollen eins singen!!"

Martin sang . . .

Seine Stimme gellte heiser durch das Zimmer.

„Fest! Halt — fest!!"

„Fttt!! Das war ein incommentmässiger Hieb! . . . Bitte den Herrn Unparteiischen, zu constatiren .   h!! . . . h!! . . . Hierher . . . Aaaahh!! . . ."

Martin war sich mit beiden Händen nach seinem Leibe gefahren.

„Fass fest zu! Um — Gotteswillen! . . .
Er — reisst sich . . . den — Verband los!!"

Martin raste.

„Halt . . . was . . . Du   kannst!"

Jens war mit dem Kopf gegen den Bett-
pfosten geflogen.

„Die verfluchte Kugel! . . . Es wird mir
dunkel . . . so dunkel . . . Jens . . . ich . .
sterbe! . . Ich   sterbe ja!! . . . Ida! Mutterchen! . . . Sie waren so stolz auf mich . . .
Ah! Herr Doctor? . . . Gratulire, mein lieber
Junge! . . . gratulire! . . . Aber, ich . . . ich
will ja!   . Nein, Nora! nur ein Frosch,
Kind! . . . Sieh doch! . . . das Meer . . . es
wird . . ganz schwarz . schwarz . . .
Mutterchen! . . . Mutterchen . . . Es wird ja
alles noch gut . . . gut . . . Ah! Aaahh!! . . .
Gute Nacht . . . h! — h! Gute Nacht, Herr
. H . . Herr — Doctor . . ."

„Lass 'n bischen los! — Er wird ruhig!"

Jens richtete sich auf. Sein Athem ging
schwer, mühsam. Er besah sein Handgelenk.
Es war blau. Ein paar blutige Streifen zogen
sich drüber hin.

„Lösch . . . die . . . Lampe aus! Sie kohlt!"

Erschöpft war Olaf wieder in seinen Lehnstuhl zurück gesunken.

--

Im Zimmer wurde es jetzt hell. Die
Messingthüren an dem weissen Kachelofen
neben der Thür funkelten leise. Draussen
fingen die Spatzen an zu zwitschern. Vom
Hafen her tutete es.

Unten hatte die Hofthür geklappt. Jemand
schlürfte über den Hof. Ein Eimer wurde an
die Pumpe gehakt. Jetzt quitschte der Pumpen-
schwengel. Stossweise rauschte das Wasser
in den Eimer. Langsam kam es über den
Hof zurück. Die Thür wurde wieder zugeklappt.

Sie sahen zu dem hellen Fenster hin. Unwillkürlich hatten sie tief aufgeathmet.

--

„Du! Olaf! Sieh mal!"

Olaf antwortete nicht. Er hatte nur den
Kopf ein wenig zum Bett hingedreht.

„Er liegt wie tot!"

„Ich glaube . . . Hm!"

Er sah nach der Uhr.

„Wir müssen 'n neu'n Verband anlegen! Gieb doch mal den Eisbeutel!"

Jens reichte ihm den frischen Eisbeutel vom Tisch herüber. Behutsam legten sie Martin den neuen Verband an.

Olaf brummelte etwas Unverständliches in seinen langen, strohgelben Schnauzbart.

„Ich glaube, die Wunde ist — nicht sorgfältig genug gereinigt! Es sind sicher noch Stofffäserchen von der Hose dringeblieben! ... Sieh mal!"

Sie hatten sich Beide auf die Schusswunde niedergebückt, die Martin seitwärts im Unterleibe hatte.

„Du! Sieh doch nur! . . Er verändert sich ordentlich!"

„Hm!"

„Er liegt so still!"

„Ja! Wir müssen den Arzt holen lassen!"

„Ich will klingeln?"

„Ja!"

Hastig war Jens zur Thür gegangen. Grell tönte die Klingel unten durch das noch stille Haus . . .

Der erste Sonnenstrahl blitzte jetzt goldig über die Dächer weg in das Zimmer. Er legte einen hellen Schein auf die dunkelblaue Tapete über dem Bett und zeichnete die Fensterkreuze schief gegen die Wand. Die Bücherrücken auf dem Regal funkelten. Die Gläser und Flaschen auf dem Tisch fingen an zu flinkern. Die Arabesken des blanken Bronzerahmes um die kleine Photographie auf dem Tische mitten zwischen dem weissen, auseinandergezerrten Verbandzeug und dem Geschirre glitzerten. Auf den Dächern draussen lärmten wie toll die Spatzen. Unten auf dem Hofe unterhielten sich ganz laut ein paar Frauen.

„Donnerwetter! Ist das eine wüste Wirthschaft hier!"

Jens, der zum Sopha ging, war über ein paar Stiefeln gestolpert, die mitten im Zimmer auf dem verschobenen, staubigen Teppich lagen.

„Mir ist ganz öd' im Schädel!"

Schwer hatte er sich wieder auf das knackende Sopha sinken lassen. Olaf hatte nicht geantwortet.

Jens reckte sich.

„Uebrigens... Es war eine schneidige Mensur!"

„Ja! Sehr correct!"

„Ja! Sehr ehrenhaft!   Für Beide!"

„Eversen ist in's Ausland, nicht wahr?"

„Wahrscheinlich!"

Jens betrachtete nachdenklich die beiden blitzenden Pistolenläufe über dem Sopha.

„Wenn sie nun kommen?"

„Hm!"

„Ae!"

Jens gähnte nervös.

„Wo bleibt denn dieser alte — Ohrwurm?!"

„Wann können sie denn hier sein?"

Olaf hatte sich vom Bett in die Höhe gerichtet.

„Ich denke, nach sechs?"

„Hm!"

. „Na, endlich!"

Jens war aufgesprungen. Hastig schloss er die Thür auf.

„Guten Morgen, meine Herren!"

Guten Morgen, Frau Brömme!"

Die kleine dürre Frau Brömme stand mit ihrem vorgestreckten, ängstlichen, verrunzelten Gesicht in der Thür. Ihre kleinen, grauen Augen hatte sie halb ängstlich, halb verstimmt gleich auf das Bett gerichtet. Mit ihren dürren Fingern zupfte sie an ihrem Schürzenband.

„Wie steht es, Herr Doctor?"

„Schlecht! Wollen Sie schleunigst zum Arzt schicken!"

Olaf hatte nicht vom Bette aufgesehen.

„Ach, du lieber Gott! ... Es wird doch ..."

„Und ... bringen Sie, bitte, etwas frisches Wasser!"

„Ja! Sofort! Sofort! O, du lieber Gott! Du lieber Gott!"

Die letzten Worte waren schon draussen vom Flur gekommen.

Im Zimmer nebenan wurde es jetzt lebendig. Ein Fenster wurde geöffnet. Jemand stimmte eine Geige.

„Der Philologe! Er steht jeden Morgen um Sechs auf und spielt! Könnten wir nicht das Fenster ein bisschen aufmachen? Es ist zum Umkommen!"

„Ja! Etwas!"

Jens öffnete. Tief aufathmend sog er die frische Morgenluft ein.

Weich und klagend klangen die Töne der
Geige, auf der der Philologe jetzt nebenan
eine alte Volksballade spielte, auf den sonnigen
Hof hinaus in das Zwitschern der Spatzen und
das Gurren und Flügelklatschen der Tauben.
Von fern durch die klare Morgenluft deutlich
die hellen, zitternden Schläge einer Thurmuhr.

Sie lauschten Beide. Ihre bleichen, über-
wachten Gesichter waren tiefernst . . . Vor
der Thür hatte es jetzt geklirrt. Jens öffnete.
Frau Brömme kam mit dem Wassereimer
und Kaffee. Vorsichtig trippelte sie auf den
Tisch zu. Sie liess kein Auge vom Bette.

„Hier . . . hier, Herr Doctor! Etwas Kaffee,
meine Herren! Du lieber Gott! Und hier ist
das Wasser! O, du mein Gott, ja!"

Olaf tauchte ein Handtuch in den Eimer
und rang es aus. Es plätscherte. Frau Brömme
nickte.

Jens schlürfte von dem Kaffee.

„Wie der arme, junge Mann aussieht! Du
mein Gott! Ach wissen Sie, es ist eine rechte
Sünde, das Duelliren!"

„Eh! Der Arzt kommt doch bald?"

„Sofort! Sofort, Herr Doctor! Sofort! Ach

Gott! So ein junger Mann, an den seine Mutter alles gewendet hat! Entschuldigen Sie! Aber sagen Sie selbst, meine Herren! Und schliesslich, um eine Kleinigkeit, um nichts, wenn man so nimmt! Das ist doch wahr, meine Herren!"

Olaf und Jens hatten eine sehr reservirte Miene angenommen.

Ach ja! Man kann was erleben, wenn man zwanzig Jahre an Studenten vermiethet hat!"

Olaf war müde in seinen Stuhl zurückgesunken.

„Ach, Sie müssen auch schön müde sein, Herr Doctor! . . . Ja, ein richtiges Buch könnte man schreiben! Glauben Sie? Nebenan wohnte mal ein Herr Eriksen, der kriegte ganz und gar das Delirium! Hier! In meinem Hause! O Gott, wenn ich noch . . ."

„Hm! . . . Wollen Sie — gleich noch etwas Eis heraufbringen!"

„Eis! Eis! Jawohl, jawohl, Herr Doctor! Sofort! O, du lieber Gott!"

Sie trippelte hinaus.

„Alte Hexe!"

Olaf hatte das zwischen den Zähnen vorgezischelt. Jens schüttelte sich. Es fröstelte ihn.

„Unheimlich!"

Nebenan klang noch immer die Ballade durch die dünne Holzwand. Im Zimmer fingen die Fliegen an zu summen . . .

„Du!"

„Was denn?!"

„Er liegt so auffallend still?"

„Ja! . . . Und . . . Herrgott! Sieh mal!! Seine Nase ist — so spitz? Und . . . die — Augen . . ."

Olaf hatte sich schnell über Martin gebückt.

Um seinen Mund lag jetzt ein krampfiges Lächeln. Die Arme lagen lang über das zerwühlte Bett hin. Das scharfe, spitzige Gesicht, auf welches jetzt schräg die Sonne fiel, war wachsbleich.

„Man . . . man spürt — den Puls gar nicht — mehr . . ."

„Was??"

„Ach . . . Er . . . er ist ja — todt??!"

„W . . .??"

„Todt!!"

„Todt?? . . . Du meinst . . . todt???"

Die Worte blieben Jens in der Kehle stecken. Er zitterte.

„Todt?"

Es war, als ob er an dem Worte kaute.

„Es . . . es . . . ich will . . . die Wirthin . . ."

„Lass!!"

Olaf hatte sich tief über die Leiche gebeugt. Er drückte ihr die Augen zu . . .

Eine Minute war vergangen. Sie hatten nicht gewagt sich anzusehn.

— —

Draussen kamen jetzt leichte Schritte die Treppe herauf. Die Wirthin sprach mit Jemand.

Sie sahen sich an.

„Es kommt wer!"

„Ach . . . wahrscheinlich — der Arzt!"

Jens zupfte an dem untersten Knof seines Jaquetts herum. Sein Athem keuchte leise. Unverwand sahen sie zur Thür hin.

Jetzt . . .

„H . . . herein . . ."

—

„Bitte, meine Damen! O, du lieber Gott! . . . Bitte!"

Scheu waren sie jetzt von dem Bett zurückgetreten. Sie wagten kaum aufzusehen.

In der offenen Thür stand eine schmächtige, ältliche Dame in einem einfachen, schwarzen Tunikakleidchen. Noch halb auf dem Flur draussen ein frisches, hübsches Gesichtchen, das ängstlich suchend schüchtern über ihre Schulter sah.

Leise, mit einem halben Lächeln, war sie jetzt in das dumpfe, unfreundliche Zimmer getreten. Ihr leise zitternde Hand, durch deren lila Zwirnhandschuh ein schmaler Goldreif glitzerte, hatte sie halb wie fragend erhoben . . .

Jetzt hatte sie sich über die Leiche gebeugt . . .

Draussen zwitscherten die Spatzen, die Tauben gurrten in der blendenden Morgensonne. Vom Fenster bis zum Bett zog sich ein lichter Balken wimmelnder Sonnenstäubchen. Nebenan noch immer die weichen Töne der Geige.

.   .   .   .

.   .   .   .   .   .

.   .   .   .

„Mama!!!"